Cuaderno de práctic... ...on
estándares
para la casa o la escuela
Grado 4

INCLUYE:

- Práctica para la casa o la escuela
- Práctica de la lección y preparación para las pruebas
- Cartas para la casa en español y en inglés
- Lecciones de preparación para el Grado 5

Printed in the U.S.A.

ISBN 978-0-544-31519-8

3 4 5 6 7 8 9 10 2536 22 21 20 19 18

4500742985   D E F G

ÁREA DE ATENCIÓN

Valor posicional y operaciones con números enteros

Critical Area Developing understanding and fluency with multi-digit multiplication, and developing understanding of dividing to find quotients involving multi-digit dividends

1

Valor posicional, suma y resta hasta un millón

Área Operaciones con números de base diez

Estándares comunes 4.NBT.1, 4.NBT.2, 4.NBT.3, 4.NBT.4

2   Multiplicar por números de 1 dígito

Áreas Operaciones y pensamiento algebraico
Operaciones con números de base diez

Estándares comunes 4.OA.1, 4.OA.2, 4.OA.3, 4.NBT.5

3   Multiplicar números de 2 dígitos

Áreas Operaciones y pensamiento algebraico
Operaciones con números de base diez

Estándares comunes 4.OA.3, 4.NBT.5

4 Dividir entre números de 1 dígito

Áreas Operaciones y pensamiento algebraico
Operaciones con números de base diez
Estándares comunes 4.OA.2, 4.OA.3, 4.NBT.6

5 Factores, múltiplos y patrones

Área Operaciones y pensamiento algebraico
Estándares comunes 4.OA.4, 4.OA.5

 **ÁREA DE ATENCIÓN** # Fracciones y números decimales

 ESTÁNDARES COMUNES **Critical Area** Developing an understanding of fraction equivalence, addition and subtraction of fractions with like denominators, and multiplication of fractions by whole numbers

6 Equivalencia y comparación de fracciones

Área Números y operaciones: Fracciones
Estándares comunes 4.NF.1, 4.NF.2

7 Sumar y restar fracciones

Área Números y operaciones: Fracciones
Estándares comunes C4.NF.3a, 4.NF.3b, 4.NF.3c, 4.NF.3d

ÁREA DE ATENCIÓN

Geometría, medición y datos

ESTÁNDARES COMUNES **Critical Area** Understanding that geometric figures can be analyzed and classified based on their properties, such as having parallel sides, perpendicular sides, particular angle measures, and symmetry

10 Figuras bidimensionales

Áreas Operaciones y pensamiento algebraico
Geometría
Estándares comunes 4.OA.5, 4.G.1, 4.G.2, 4.G.3

11 Ángulos

Área Medición y datos
Estándares comunes 4.MD.5a, 4.MD.5b, 4.MD.6, 4.MD.7

12 Tamaño relativo de las unidades de medida

Área Medición y datos
Estándares comunes 4.MD.1, 4.MD.2, 4.MD.4

13 Álgebra: Perímetro y área

Área Medición y datos
Estándar común 4.MD.3

Recursos de fin de año

Preparación para el Grado 5

Estas lecciones son un repaso de destrezas importantes y te preparan para el Grado 5.

Capítulo 1

Carta para la casa

Querida familia:

Durante las próximas semanas, en la clase de matemáticas aprenderemos a usar y representar números enteros hasta las centenas de millar. También vamos a sumar y restar números de varios dígitos.

El estudiante llevará a casa tareas para practicar diferentes maneras de expresar los números, además de redondear y estimar números más grandes.

Este es un ejemplo de cómo se le enseñará a expresar números de diferentes formas.

Vocabulario

estimación Un número cercano a una cantidad exacta.

forma desarrollada Una manera de escribir números mostrando el valor de cada dígito.

forma en palabras Una manera de escribir números usando palabras.

forma normal Una manera de escribir números usando los dígitos 0 a 9, en la que cada dígito tiene un valor posicional.

período En un número de varios dígitos, cada grupo de tres dígitos separado por una coma.

redondear Reemplazar un número con otro número que indica cuántos hay o cuánto hay.

🔒 MODELO Valor posicional hasta las centenas de millar

Así es como escribiremos números de diferentes formas.

MILLARES			UNIDADES		
Centenas	Decenas	Unidades	Centenas	Decenas	Unidades
2	8	1,	3	6	5

FORMA NORMAL:

281,365

EN PALABRAS:

doscientos ochenta y un mil trescientos sesenta y cinco

FORMA DESARROLLADA:

200,000 + 80,000 + 1,000 + 300 + 60 + 5

Pistas

Redondear números grandes

Cuando se redondea, primero se halla el lugar al que se quiere redondear. Después se debe mirar el dígito que está a la derecha. Si el dígito a la derecha es *menor que* 5, el dígito en el lugar del redondeo queda igual. Si el dígito es 5 o *mayor*, el dígito en el lugar del redondeo aumenta en 1. Todos los dígitos que están a la derecha del lugar del redondeo cambian a cero.

Chapter 1

School-Home Letter

Dear Family,

During the next few weeks, our math class will be learning how to use and represent whole numbers through the hundred thousands place. We will also be adding and subtracting multi-digit numbers.

You can expect to see homework that provides practice with naming numbers in different ways, as well as rounding and estimating greater numbers.

Here is a sample of how your child will be taught to write numbers in different forms.

Vocabulary

estimate A number that is close to the exact amount.

expanded form A way to write numbers by showing the value of each digit.

word form A way to write numbers by using words.

standard form A way to write numbers using the digits 0–9 with each digit having a place value.

period Each group of three digits separated by commas in a multi-digit number.

round To replace a number with another number that tells about how many or how much.

🔑 MODEL Place Value Through Hundred Thousands

This is how we will be writing numbers in different forms.

THOUSANDS			ONES		
Hundreds	Tens	Ones	Hundreds	Tens	Ones
2	8	1,	3	6	5

STANDARD FORM:

281,365

WORD FORM:

two hundred eighty-one thousand, three hundred sixty-five

EXPANDED FORM:

200,000 + 80,000 + 1,000 + 300 + 60 + 5

Tips

Rounding Greater Numbers

When rounding, first find the place to which you want to round. Then, look at the digit to the right. If the digit to the right is *less than* 5, the digit in the rounding place stays the same. If the digit is 5 *or greater*, the digit in the rounding place increases by 1. All the digits to the right of the rounding place change to zero.

Nombre _____

Representar relaciones de valor posicional

ESTÁNDAR COMÚN—4.NBT.1
Generalize place value understanding for multi-digit whole numbers.

Halla el valor del dígito subrayado.

1. 6,0<u>3</u>5

2. 43,<u>7</u>82

3. 506,08<u>7</u>

4. 4<u>9</u>,254

_____ _____ _____ _____

5. 1<u>3</u>6,422

6. 673,<u>5</u>12

7. <u>8</u>14,295

8. 73<u>6</u>,144

_____ _____ _____ _____

Compara el valor de los dígitos subrayados.

9. 6,<u>3</u>00 y 5<u>3</u>0

El valor de 3 en _____ es _____ veces

mayor que el valor de 3 en _____ .

10. <u>2</u>,783 y 7,<u>2</u>83

El valor de 2 en _____ es _____ veces

mayor que el valor de 2 en _____ .

11. 3<u>4</u>,258 y <u>4</u>7,163

El valor de 4 en _____ es _____ veces

mayor que el valor de 4 en _____ .

12. 503,49<u>7</u> y 26,4<u>7</u>5

El valor de 7 en _____ es _____ veces

mayor que el valor de 7 en _____ .

Resolución de problemas En el mundo

Usa la tabla para responder las preguntas 13 y 14.

13. ¿Cuál es el valor del dígito 9 en la asistencia al partido de los Chargers contra los Titans?

_____

14. ¿En qué partido la asistencia tiene un 7 en el lugar de las decenas de millares?

_____

Asistencia a partidos de fútbol americano	
Partido	**Asistencia**
Chargers contra Titans	69,143
Ravens contra Panthers	73,021
Patriots contra Colts	68,756

Revisión de la lección (4.NBT.1)

1. Durante una temporada, un total de 453,193 personas asistieron a los partidos de un equipo de béisbol. ¿Cuál es el valor del dígito 5 en el número de personas?

_____

_____

2. Haley olvidó el número de personas que había en el partido de básquetbol. Pero sí recuerda que el número tenía un 3 en el lugar de las decenas. ¿Qué número puede tener en mente Haley?

_____

Repaso en espiral (Repaso de 3.NBT.3, 3.NF.1, 3.MD.1, 3.G.1)

3. Los panecillos para perritos calientes vienen en paquetes de 8. Para la merienda de la escuela, el Sr. Spencer compró 30 paquetes de panecillos para perritos calientes. ¿Cuántos panecillos compró?

_____

4. Hay 8 estudiantes en el microbús. Cinco de los estudiantes son niños. ¿Qué fracción de los estudiantes son niños?

_____

5. En el reloj que está a continuación se muestra la hora en que Amber sale de su casa para ir a la escuela. ¿A qué hora sale Amber de su casa?

6. Jeremy dibujó un polígono con cuatro ángulos rectos y cuatro lados que tienen la misma longitud.

¿Qué clase de polígono dibujó Jeremy?

_____

Leer y escribir números

 **ESTÁNDAR COMÚN—4.NBT.2**
Generalize place value understanding for multi-digit whole numbers.

Lee y escribe el número de otras dos formas.

1. seiscientos noventa y dos mil cuatro

forma normal: _____
692,004;
forma _____
desarrollada: _____
600,000 + _____
90,000 + _____
2,000 + 4 _____

2. 314,207

_____

_____

_____

_____

_____

3. 600,000 + 80,000 + 10

_____

_____

_____

_____

_____

Usa el número 913,256.

4. Escribe el nombre del período que tiene los dígitos 913.

_____

5. Escribe el dígito que está en el lugar de las decenas de millar.

_____

6. Escribe el valor del dígito 9.

_____

Resolución de problemas

Usa la tabla para responder las preguntas 7 y 8.

Población en 2008

Estado	Población
Alaska	686,293
Dakota del Sur	804,194
Wyoming	532,668

7. ¿En qué estado la población es ochocientos cuatro mil ciento noventa y cuatro?

_____

8. ¿Cuál es el valor del dígito 8 en la población de Alaska?

_____

Revisión de la lección (4.NBT.2)

1. Según una investigación del año 2008, los niños de entre 6 y 11 años miran sesenta y nueve mil ciento ocho minutos de televisión al año. ¿Cómo se escribe ese número en forma normal?

2. ¿Cuál es el valor del dígito 4 en el número 84,230?

_____

_____

Repaso en espiral (Repaso de 3.OA.7, 3.OA.8, 3.OA.9; 4.NBT.1)

3. Una hormiga tiene 6 patas. ¿Cuántas patas tienen 8 hormigas en total?

4. Las vacaciones de Latricia comienzan dentro de 4 semanas. Hay 7 días en una semana. ¿Cuántos días faltan para las vacaciones de Latricia?

_____

_____

5. Marta juntó 363 latas. Diego juntó 295 latas. ¿Cuántas latas juntaron Marta y Diego en total?

6. La ciudad donde vive Tim tiene 106,534 habitantes. ¿Cuál es el valor del dígito 6 en 106,534?

_____

_____

Nombre _____

Comparar y ordenar números

ESTÁNDAR COMÚN—4.NBT.2
Generalize place value understanding for multi-digit whole numbers.

Compara. Escribe <, > ó =.

1. 3,273 $\boxed{<}$ 3,279

2. $1,323 $\bigcirc$ $1,400

3. 52,692 $\bigcirc$ 52,692

4. $413,005 $\bigcirc$ $62,910

5. 382,144 $\bigcirc$ 382,144

6. 157,932 $\bigcirc$ 200,013

7. 401,322 $\bigcirc$ 410,322

8. 989,063 $\bigcirc$ 980,639

9. 258,766 $\bigcirc$ 258,596

Ordena de menor a mayor.

10. 23,710; 23,751; 23,715

_____

11. 52,701; 54,025; 5,206

_____

12. 465,321; 456,321; 456,231

_____

13. $330,820; $329,854; $303,962

_____

Resolución de problemas · En el mundo

14. Un periódico en línea tuvo 350,080 visitantes en octubre, 350,489 en noviembre y 305,939 en diciembre. ¿Cuál es el orden de los meses de mayor a menor según el número de visitantes?

_____

_____

_____

15. A continuación se muestra el área continental total en millas cuadradas de tres estados.

Colorado: 103,718
Nuevo México: 121,356
Arizona: 113,635

¿Cuál es el orden de los estados de menor a mayor según el área continental total?

_____

_____

_____

Revisión de la lección

1. En la campaña anual para recaudar fondos, la meta de una compañía sin fines de lucro era recaudar $55,500 por día. Después de tres días, había recaudado $55,053; $56,482 y $55,593. ¿Qué cantidad fue menor que la meta diaria?

2. Ordena los siguientes números de mayor a menor: 90,048; 93,405; 90,543.

Repaso en espiral (Reviews 3.NF.3d, 3.MD.8; 4.NBT.1, 4.NBT.2)

3. Escribe una fracción que sea menor que $\frac{5}{6}$ y tenga un denominador de 8.

4. ¿Cuál es el perímetro del siguiente rectángulo?

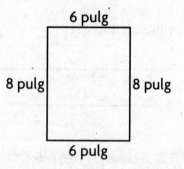

6 pulg

8 pulg

8 pulg

6 pulg

5. Una página web tuvo 826,140 visitas el mes pasado. ¿Cuál es el valor de 8 en 826,140?

6. Escribe 680,705 en forma desarrollada.

© Houghton Mifflin Harcourt Publishing Company

Nombre _____

Redondear números

ESTÁNDARES COMUNES—4.NBT.3
Generalize place value understanding for multi-digit whole numbers.

Redondea al valor posicional del dígito subrayado.

1. 8<u>6</u>2,840

8<u>6</u>2,840   **860,000**

↑
menor que 5

2. 12<u>3</u>,499   **3.** <u>5</u>52,945

_____ _____

- Observa el dígito que está a la derecha. Si el dígito que está a la derecha es *menor que* 5, el dígito que está en el lugar de redondeo queda igual.

- Cambia todos los dígitos que están a la derecha del lugar de redondeo a cero.

4. 3<u>8</u>9,422   **5.** <u>2</u>09,767   **6.** 19<u>1</u>,306   **7.** <u>6</u>6,098

_____ _____ _____ _____

8. 7<u>3</u>,590   **9.** <u>1</u>49,903   **10.** 68<u>4</u>,303   **11.** 49<u>9</u>,553

_____ _____ _____ _____

Resolución de problemas

Usa la tabla para resolver los problemas 12 y 13.

12. Halla la altura del monte Whitney en la tabla. Redondea la altura al millar de pies más próximo.

_____ pies

13. ¿Cuál es la altura del monte Bona redondeada a la decena de millar de pies más próxima?

_____ pies

Altura de los montes		
Nombre	**Estado**	**Altura (pies)**
monte Bona	Alaska	16,500
monte Whitney	California	14,494

Revisión de la lección (4.NBT.3)

1. ¿Qué número es 247,039 redondeado al millar más próximo?

_____

_____

2. En 2008, se estimó que la población de Vermont era 620,000 redondeada a la decena de millar más próxima. ¿Cuál puede haber sido la población exacta de Vermont en 2008?

_____

_____

Repaso en espiral (Repaso de 3.NF.1; 4.NBT.2)

3. ¿Qué símbolo hace que el siguiente enunciado numérico sea verdadero?

$$\$546{,}322 \bigcirc \$540{,}997$$

4. En agosto de 2009, pasaron alrededor de 714,587 pasajeros por el Aeropuerto Internacional de Pittsburgh. Escribe un número mayor que 714,587.

_____

_____

5. June hizo un diseño con 6 fichas iguales. Una ficha es amarilla, 2 son azules y 3 son moradas. ¿Qué fracción de las fichas son amarillas o moradas?

_____

_____

6. La clase de cuarto grado juntó 40,583 latas y botellas de plástico. Escribe este número en palabras.

_____

_____

Nombre _____

Convertir números

ESTÁNDARES COMUNES—4.NBT.1
Generalize place value understanding for multi-digit whole numbers.

Convierte el número. Usa la tabla de valor posicional como ayuda.

1. 760 centenas = _____76,000_____

MILLARES			UNIDADES		
Centenas	Decenas	Unidades	Centenas	Decenas	Unidades
	7	6,	0	0	0

2. 805 decenas = _____

MILLARES			UNIDADES		
Centenas	Decenas	Unidades	Centenas	Decenas	Unidades

3. 24 decenas de millar = _____

MILLARES			UNIDADES		
Centenas	Decenas	Unidades	Centenas	Decenas	Unidades

Convierte los números.

4. 720 = _____ decenas

5. 4 millares y 7 centenas = 47 _____

6. 25,600 = _____ centenas

7. 204 millares = _____

Resolución de problemas · En el mundo

8. Para la feria, los organizadores pidieron 32 rollos de boletos. Cada rollo tiene 100 boletos. ¿Cuántos boletos pidieron en total?

9. En una huerta de manzanas se venden manzanas en bolsas de 10. Un día, en la huerta se vendió un total de 2,430 manzanas. ¿Cuántas bolsas de manzanas se vendieron?

_____

_____

Revisión de la lección (4.NBT.1)

1. Una moneda de 10¢ tiene el mismo valor que 10 monedas de 1¢. Marley llevó 290 monedas de 1¢ al banco. ¿Cuántas monedas de 10¢ le dieron a Marley?

2. Un productor de cítricos envía pomelos en cajas de 10. Una temporada, el productor envió 20,400 cajas de pomelos. ¿Cuántos pomelos envió?

Repaso en espiral (Repaso de 3.OA.5; 4.NBT.1, 4.NBT.2, 4.NBT.3)

3. Había 2,605 personas en el partido de básquetbol. Un periodista redondeó este número a la centena más próxima para un artículo de periódico. ¿Qué número usó el periodista?

4. Para llegar al Nivel 3 de un juego, un jugador debe anotar 14,175 puntos. Ann anota 14,205 puntos, Benny anota 14,089 puntos y Chuck anota 10,463 puntos. ¿Qué puntaje es mayor que el puntaje del Nivel 3?

5. Henry contó 350 casilleros en su escuela. Hayley contó 403 casilleros en su escuela. ¿Cómo es el valor de 3 en 350 comparado con el valor de 3 en 403?

6. Hay 4 panecillos en cada plato. Hay 0 platos de panecillos de limón. ¿Cuántos panecillos de limón hay?

Nombre _____

Sumar números enteros

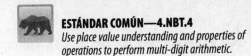

ESTÁNDAR COMÚN—4.NBT.4
Use place value understanding and properties of operations to perform multi-digit arithmetic.

Estima. Luego halla la suma.

1. Estimación: **90,000**

```
  11
  63,824 →  60,000
+ 29,452 →+ 30,000
─────────  ───────
  93,276    90,000
```

2. Estimación: _____

```
  73,404
+ 27,865
```

3. Estimación: _____

```
  403,446
+ 396,755
```

4. Estimación: _____

```
  137,638
+  52,091
```

5. Estimación: _____

```
  200,629
+  28,542
```

6. Estimación: _____

```
  212,514
+ 396,705
```

7. Estimación: _____

```
  324,867
+   6,233
```

8. Estimación: _____

```
  462,809
+ 256,738
```

9. Estimación: _____

```
  624,836
+ 282,189
```

Resolución de problemas

Usa la tabla para responder las preguntas 10 a 12.

10. Beth y Cade formaban un equipo. ¿Cuál fue su puntaje total?

_____

11. El otro equipo era el de Dillan y Elaine. ¿Cuál fue su puntaje total?

_____

12. ¿Qué equipo anotó más puntos?

_____

Puntajes individuales del partido	
Estudiante	**Puntaje**
Beth	251,567
Cade	155,935
Dillan	188,983
Elaine	220,945

Revisión de la lección (4.NBT.4)

1. La costa de los Estados Unidos mide 12,383 millas de longitud. La costa de Canadá es 113,211 millas más larga que la costa de los Estados Unidos. ¿Qué longitud tiene la costa de Canadá?

_____

2. Alemania es el séptimo país más grande de Europa y tiene un área levemente menor que Montana. Alemania tiene un área continental de 134,835 millas cuadradas y un área marítima de 3,011 millas cuadradas. ¿Cuál es el área total de Alemania?

_____

Repaso en espiral (4.NBT.2, 4.NBT.3)

3. En una elección, votaron en total alrededor de 500,000 personas. ¿Qué número puede ser la cantidad exacta de personas que votaron en la elección?

_____

_____

4. En 2007, en Pennsylvania había alrededor de 121,580 millas de carreteras públicas. ¿Cuánto es 121,580 redondeado al millar más próximo?

_____

_____

5. Ordena los siguientes números de menor a mayor: 749,340; 740,999; 740,256

_____

_____

6. ¿Qué símbolo hace que el siguiente enunciado sea verdadero?

$413,115 ◯ $431,511

Nombre _____

Restar números enteros

ESTÁNDAR COMÚN—4.NBT.4
Use place value understanding and properties of operations to perform multi-digit arithmetic.

Estima. Luego halla la diferencia.

1. Estimación: **600,000**

$$\begin{array}{r} {\scriptstyle 9} \\ {\scriptstyle 7\ 10\ 15\ 6\ 13} \\ 78\cancel{0},\cancel{5}7\cancel{3} \\ -\ 229,615 \\ \hline 550,958 \end{array}$$

Piensa: 780,573 se redondea en 800,000.
229,615 se redondea en 200,000.
Entonces, la estimación es
800,000 − 200,000 = 600,000.

2. Estimación: _____

$$\begin{array}{r} 428,731 \\ -\ 175,842 \end{array}$$

3. Estimación: _____

$$\begin{array}{r} 920,026 \\ -\ 535,722 \end{array}$$

4. Estimación: _____

$$\begin{array}{r} 253,495 \\ -\ 48,617 \end{array}$$

Resta. Suma para comprobar.

5. 735,249 − 575,388

6. 512,724 − 96,473

7. 600,000 − 145,782

Resolución de problemas

Usa la tabla para responder las preguntas 8 y 9.

8. ¿Cuántas personas más asistieron a los partidos de los Magic que a los partidos de los Pacers?

_____

9. ¿Cuántas personas menos asistieron a los partidos de los Pacers que a los partidos de los Clippers?

_____

Asistencia de la temporada para tres equipos de la NBA	
Equipo	Asistencia
Indiana Pacers	582,295
Orlando Magic	715,901
Los Angeles Clippers	670,063

Revisión de la lección (4.NBT.4)

1. Este año, un granjero plantó 400,000 plantas de maíz. El año pasado, el granjero plantó 275,650 plantas de maíz. ¿Cuántas plantas de maíz más que el año pasado plantó el granjero este año?

_____

_____

2. Una máquina puede hacer 138,800 clips pequeños en un día. Otra máquina puede hacer 84,250 clips grandes en un día. ¿Cuántos más clips pequeños que grandes hacen las dos máquinas en un día?

_____

Repaso en espiral (4.NBT.2, 4.NBT.3, 4.NBT.4)

3. En tres partidos de béisbol de un fin de semana, **hubo** 125,429 espectadores. La semana **siguiente** hubo 86,353 espectadores. ¿Cuántos espectadores en total presenciaron los seis partidos de béisbol?

_____

4. Kevin leyó el número "doscientos siete mil cuarenta y ocho" en un libro. ¿Cómo se escribe este número en forma normal?

_____

5. Durante el año pasado, un museo tuvo 275,608 visitantes. ¿Cuál es ese número redondeado al millar más próximo?

_____

6. En el Teatro Millville, una obra estuvo en escena durante varias semanas. En total, 28,175 personas vieron la obra. ¿Cuál es el valor del dígito 8 en 28,175?

_____

Resolución de problemas • Problemas de comparación con la suma y la resta

ESTÁNDAR COMÚN—4.NBT.4
Use place value understanding and properties of operations to perform multi-digit arithmetic.

Usa la información de la tabla para resolver los ejercicios 1 a 3.

1. ¿Cuántas millas cuadradas más grande es el área total del lago Huron que el área total del lago Erie?

Piensa: ¿Cómo puede ayudar un modelo de barras a representar el problema? ¿Qué ecuación se puede escribir?

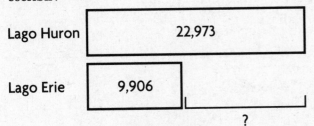

Lago Huron | 22,973

Lago Erie | 9,906 | ?

$22{,}973 - 9{,}906 = $ __**13,067**__ millas cuadradas

Área total de los Grandes Lagos	
Lago	**Área total (en millas cuadradas)**
Lago Superior	31,700
Lago Michigan	22,278
Lago Huron	22,973
Lago Erie	9,906
Lago Ontario	7,340

13,067 millas cuadradas

2. ¿Qué lago tiene un área total que es 14,938 millas cuadradas más grande que el área total del lago Ontario? Dibuja un modelo y escribe un enunciado numérico para resolver el problema.

_____

3. El lago Victoria tiene la mayor área total de todos los lagos de África. Tiene un área total de 26,828 millas cuadradas. ¿Cuánto mayor es el área total del lago Superior que el área del lago Victoria?

_____

4. Con 840,000 millas cuadradas, Groenlandia es la isla más grande del mundo. La segunda más grande es Nueva Guinea, con 306,000 millas cuadradas. ¿Cuánto más grande es Groenlandia que Nueva Guinea?

_____

Revisión de la lección (4.NBT.4)

1. La fosa de las Marianas, en el océano Pacífico, tiene alrededor de 36,201 pies de profundidad. La fosa de Puerto Rico, en el océano Atlántico, tiene alrededor de 27,493 pies de profundidad. Dibuja un modelo de barras para hallar cuántos pies más profunda es la fosa de las Marianas que la fosa de Puerto Rico.

2. Con 1,932 pies, el lago Crater, en Oregon, es el lago más profundo de los Estados Unidos. El lago más profundo del mundo, el lago Baikal de Rusia, es 3,383 pies más profundo. Dibuja un modelo de barras para hallar cuán profundo es el lago Baikal.

Repaso en espiral (4.NBT.3, 4.NBT.4)

3. Escribe un número que sea mayor que 832,458 pero menor que 832,500.

4. Un estadio de Pennsylvania tiene capacidad para 107,282 espectadores. Un estadio de Arizona tiene capacidad para 71,706 espectadores. Según estos datos, ¿cuántos espectadores más puede haber en el estadio de Pennsylvania que en el de Arizona?

5. ¿Cuánto es 399,713 redondeado al valor posicional del dígito subrayado?

6. Alrededor de 400,000 personas visitaron el museo de arte en diciembre. ¿Qué número puede ser el número exacto de personas que visitaron el museo de arte?

Capítulo 2

Carta para la casa

Vocabulario

productos parciales Un método de multiplicación en el que las unidades, las decenas, las centenas, etc. se multiplican por separado y luego se suman los productos

propiedad distributiva La propiedad que establece que multiplicar una suma por un número es lo mismo que multiplicar cada sumando por ese número y luego sumar los productos

Querida familia:

Durante las próximas semanas, en la clase de matemáticas aprenderemos a multiplicar por números enteros de 1 dígito. Investigaremos estrategias para multiplicar números de 2, 3 y 4 dígitos por los números 2 a 9.

El estudiante llevará a casa tareas para practicar la multiplicación por números de 1 dígito.

Este es un ejemplo de cómo se le enseñará a multiplicar por un número de 1 dígito.

🔓 MODELO Multiplica por un número de 1 dígito.

Esta es una manera en la que multiplicaremos por un número de 1 dígito.

PASO 1

Multiplica las decenas. Anota.

$$
\begin{array}{r}
26 \\
\times\ 3 \\
\hline
60 \\
\end{array}
$$
← 3 × 2 decenas = 6 decenas

PASO 2

Multiplica las unidades. Anota.

$$
\begin{array}{r}
26 \\
\times\ 3 \\
\hline
60 \\
18 \\
\end{array}
$$
← 3 × 6 unidades = 18 unidades

PASO 3

Suma los productos parciales.

$$
\begin{array}{r}
26 \\
\times\ 3 \\
\hline
60 \\
+\ 18 \\
\hline
78 \\
\end{array}
$$

Pistas

Estimar para revisar la multiplicación

Cuando se usa la estimación para revisar que la respuesta de una multiplicación es razonable, el factor se suele redondear a un múltiplo de 10 que tenga un solo dígito distinto de cero. Después se puede usar el cálculo mental para recordar el producto básico de la operación, y se pueden usar patrones para determinar la cantidad correcta de ceros de la estimación.

School-Home Letter

© Houghton Mifflin Harcourt Publishing Company

Dear Family,

During the next few weeks, our math class will be learning about multiplying by 1-digit whole numbers. We will investigate strategies for multiplying 2-, 3-, and 4-digit numbers by the numbers 2–9.

You can expect to see homework that provides practice with multiplication by 1-digit numbers.

Here is a sample of how your child will be taught to multiply by a 1-digit number.

Vocabulary

partial products A method of multiplying in which the ones, tens, hundreds, and so on are multiplied separately and then the products are added together

Distributive Property The property that states that multiplying a sum by a number is the same as multiplying each addend by the number and then adding the products

🔑 MODEL Multiply by a 1-Digit Number

This is one way we will be multiplying by 1-digit numbers.

STEP 1

Multiply the tens. Record.

$$\begin{array}{r} 26 \\ \times\ 3 \\ \hline 60 \end{array}$$ ← 3 × 2 tens = 6 tens

STEP 2

Multiply the ones. Record.

$$\begin{array}{r} 26 \\ \times\ 3 \\ \hline 60 \\ 18 \end{array}$$ ← 3 × 6 ones = 18 ones

STEP 3

Add the partial products.

$$\begin{array}{r} 26 \\ \times\ 3 \\ \hline 60 \\ +\ 18 \\ \hline 78 \end{array}$$

Tips

Estimating to Check Multiplication

When estimation is used to check that a multiplication answer is reasonable, usually the greater factor is rounded to a multiple of 10 that has only one non-zero digit. Then mental math can be used to recall the basic fact product, and patterns can be used to determine the correct number of zeros in the estimate.

Nombre _____

Uso de la multiplicación para hacer comparaciones

ESTÁNDAR COMÚN—4.OA.1
Use the four operations with whole numbers to solve problems.

Escribe un enunciado de comparación.

1. $6 \times 3 = 18$

_____ veces _____ es _____ .
   6   **3**   **18**

2. $63 = 7 \times 9$

_____ es _____ veces _____ .

3. $5 \times 4 = 20$

_____ veces _____ es _____ .

4. $48 = 8 \times 6$

_____ es _____ veces _____ .

Escribe una ecuación.

5. 2 veces 8 es 16.

_____

6. 42 es 6 veces 7.

_____

7. 3 veces 5 es 15.

_____

8. 36 es 9 veces 4.

_____

9. 72 es 8 veces 9.

_____

10. 5 veces 6 es 30.

_____

Resolución de problemas En el mundo

11. Alan tiene 14 años. Tiene el doble de edad que su hermano James. ¿Cuántos años tiene James?

12. Hay 27 campistas. Esto es nueve veces el número de guías. ¿Cuántos guías hay?

_____

_____

Revisión de la lección (4.OA.1)

1. Escribe una ecuación que represente este enunciado de comparación.

24 es 4 veces 6.

_____

_____

2. Escribe un enunciado de comparación que represente esta ecuación.

$$5 \times 9 = 45$$

_____

_____

Repaso en espiral (4.OA.3, 4.NBT.2, 4.NBT.3)

3. ¿Qué signo hace que el siguiente enunciado sea verdadero?

547,098 $\bigcirc$ 574,908

4. ¿Cuál es la forma normal de 200,000 + 80,000 + 700 + 6?

_____

5. Sam y Leah jugaron un juego en la computadora. Sam anotó 72,491 puntos. Leah anotó 19,326 puntos más que Sam. ¿Cuántos puntos anotó Leah?

6. En un estadio de béisbol hay 38,496 asientos. Redondeado al millar más próximo, ¿cuántos asientos son?

_____

_____

Nombre _____

Problemas de comparación

ESTÁNDAR COMÚN—4.OA.2
Use the four operations with whole numbers to solve problems.

Dibuja un modelo. Escribe una ecuación y resuelve.

1. Stacey usó 4 veces más cuentas azules que cuentas rojas para hacer un collar. Usó un total de 40 cuentas. ¿Cuántas cuentas azules usó Stacey?

> **Piensa:** Stacey usó un total de 40 cuentas.
> Sea n el número de cuentas rojas.

azul | n | n | n | n | } 40
rojo | n |

$$5 \times n = 40; 5 \times 8 = 40;$$
$$4 \times 8 = 32 \text{ cuentas azules}$$

2. En el zoológico había 3 veces más monos que leones. Tom contó un total de 24 monos y leones. ¿Cuántos monos había?

_____

_____

_____

3. El sapo de Fred saltó 7 veces más lejos que el sapo de Alex. Los dos sapos saltaron un total de 56 pulgadas. ¿Cuán lejos saltó el sapo de Fred?

4. Sheila tiene 5 veces más marcadores que Dave. Juntos, tienen 18 marcadores. ¿Cuántos marcadores tiene Sheila?

_____

_____

Resolución de problemas En el mundo

5. Rafael contó un total de 40 carros blancos y carros amarillos. Había 9 veces más carros blancos que carros amarillos. ¿Cuántos carros blancos contó Rafael?

6. Susi anotó un total de 35 puntos en dos juegos. Anotó 6 veces más puntos en el segundo juego que en el primero. ¿Cuántos puntos más anotó en el segundo juego?

_____

_____

Revisión de la lección (4.OA.2)

1. Sari tiene 3 veces más gomas de borrar que Sam. Juntos, tienen 28 gomas de borrar. ¿Cuántas gomas de borrar tiene Sari?

_____

2. En la pecera de Simón hay 6 veces más peces de colores que peces guppy. Hay un total de 21 peces en la pecera. ¿Cuántos peces de colores más que peces guppy hay?

_____

Repaso en espiral (4.OA.1, 4.OA.3, 4.NBT.2)

3. Bárbara tiene 9 animales de peluche. Trish tiene 3 veces más animales de peluche que Bárbara. ¿Cuántos animales de peluche tiene Trish?

_____

4. Hay 104 estudiantes en el cuarto grado de la escuela de Allison. Un día, 15 estudiantes de cuarto grado estuvieron ausentes. ¿Cuántos estudiantes de cuarto grado había en la escuela ese día?

_____

5. Joshua tiene 112 rocas. José tiene 98 rocas. Albert tiene 107 rocas. Escribe el nombre de los niños en orden de menor a mayor, según el número de rocas que tienen.

_____

6. Alicia tiene 32 adhesivos. Tiene 4 veces más adhesivos que Benita. ¿Cuántos adhesivos tiene Benita?

_____

Nombre _____

Multiplicar decenas, centenas y millares

ESTÁNDAR COMÚN—4.NBT.5
Use place value understanding and properties of operations to perform multi-digit arithmetic.

Halla el producto.

1. $4 \times 7{,}000 =$ **28,000**

Piensa: $4 \times 7 = 28$

Entonces, $4 \times 7{,}000 = 28{,}000$

2. $9 \times 60 =$ _____

3. $8 \times 200 =$ _____

4. $5 \times 6{,}000 =$ _____

5. $7 \times 800 =$ _____

6. $8 \times 90 =$ _____

7. $6 \times 3{,}000 =$ _____

8. $3 \times 8{,}000 =$ _____

9. $5 \times 500 =$ _____

10. $9 \times 4{,}000 =$ _____

11. $7 \times 7{,}000 =$ _____

12. $3 \times 40 =$ _____

13. $4 \times 5{,}000 =$ _____

14. $2 \times 9{,}000 =$ _____

Resolución de problemas

15. Un cajero de banco tiene 7 rollos de monedas. En cada rollo hay 40 monedas. ¿Cuántas monedas tiene el cajero?

_____

16. Theo compra 5 paquetes de papel. Hay 500 hojas de papel en cada paquete. ¿Cuántas hojas de papel compra Theo?

_____

Revisión de la lección (4.NBT.5)

1. Un avión viaja a una velocidad de 400 millas por hora. ¿Qué distancia recorrerá el avión en 5 horas?

_____

2. Una semana, una fábrica de ropa hizo 2,000 camisas de cada uno de los 6 colores que fabrica. ¿Cuántas camisas hizo la fábrica en total?

_____

Repaso en espiral (4.OA.1, 4.OA.2, 4.OA.3, 4.NBT.2)

3. Escribe un enunciado de comparación que represente esta ecuación.

$$6 \times 7 = 42$$

_____

_____

4. La población de Middleton es seis mil cincuenta y cuatro personas. Escribe este número en forma normal.

_____

_____

5. En una elección para alcalde, 85,034 personas votaron por Carl Green y 67,952 personas votaron por María Lewis. ¿Por cuántos votos ganó Carl Green la elección?

_____

6. Meredith cosechó 4 veces más pimientos verdes que pimientos rojos. Si cosechó un total de 20 pimientos, ¿cuántos pimientos verdes cosechó?

_____

Nombre _____

Estimar productos

ESTÁNDAR COMÚN—4.NBT.5
Use place value understanding and properties of operations to perform multi-digit arithmetic.

Redondea para estimar el producto.

1. 4 × 472

4 × 472

↓

4 × **500**

2,000
_____

2. 2 × 6,254

_____

3. 9 × 54

_____

4. 5 × 5,503

_____

5. 3 × 832

_____

6. 6 × 98

_____

7. 8 × 3,250

_____

8. 7 × 777

_____

Halla dos números entre los que se encuentre el resultado exacto.

9. 3 × 567

_____

10. 6 × 7,381

_____

11. 4 × 94

_____

12. 8 × 684

_____

Resolución de problemas En el mundo

13. Isaac bebe 8 vasos de agua por día. Dice que beberá 2,920 vasos de agua en un año que tenga 365 días. ¿La respuesta exacta es razonable? **Explícalo.**

_____

_____

_____

_____

14. La mayoría de los estadounidenses tiran alrededor de 1,365 libras de basura por año. ¿Es razonable estimar que los estadounidenses tiran más de 10,000 libras de basura en 5 años? **Explícalo.**

_____

_____

_____

_____

Revisión de la lección (4.NBT.5)

1. En un teatro hay 4,650 asientos. Si se venden todos los boletos para cada una de las 5 presentaciones que se realizan, ¿alrededor de cuántos boletos se venderán en total?

2. A la Escuela Primaria Washington asisten 4,358 estudiantes. A la Escuela Secundaria Jefferson asisten 3 veces más estudiantes que a la Escuela Primaria Washington. ¿Alrededor de cuántos estudiantes asisten a la Escuela Secundaria Jefferson?

Repaso en espiral (4.OA.1, 4.NBT.3, 4.NBT.4, 4.NBT.5)

3. Diego tiene 4 veces más pelotas de béisbol autografiadas que Melanie. Diego tiene 24 pelotas de béisbol autografiadas. ¿Cuántas pelotas de béisbol autografiadas tiene Melanie?

4. El Sr. Turkowski compró 4 cajas de sobres en la tienda de artículos de oficina. Cada caja tiene 500 sobres. ¿Cuántos sobres compró el Sr. Turkowski?

5. Pennsylvania tiene un área continental de 44,816 millas cuadradas. ¿Cuál es el área continental de Pennsylvania redondeada a la centena más próxima?

6. En la tabla se muestra el tipo de DVD que los clientes de Alquileres Rayo de Sol alquilaron el año pasado.

Alquiler de Películas	
Tipo	Cantidad de alquileres
Comedia	6,720
Drama	4,032
Acción	5,540

¿Cuántas películas de comedia y de acción se alquilaron en total el año pasado?

Nombre _____

Multiplicar usando la propiedad distributiva

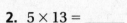

ESTÁNDAR COMÚN—4.NBT.5
Use place value understanding and properties of operations to perform multi-digit arithmetic.

Representa el producto en la cuadrícula. Anota el producto.

1. $4 \times 19 =$ __76__

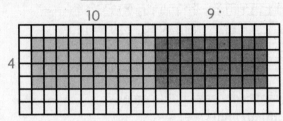

$4 \times 10 = 40$ y $4 \times 9 = 36$

$40 + 36 = 76$

2. $5 \times 13 =$ _____

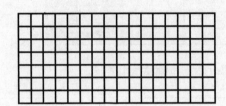

Halla el producto.

3. $4 \times 14 =$ _____

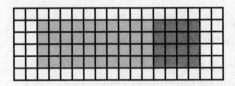

4. $3 \times 17 =$ _____

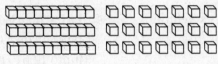

5. $6 \times 15 =$ _____

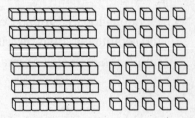

Resolución de problemas

6. Michael organiza sus monedas de 1¢ como se muestra en la siguiente representación.

¿Cuántas monedas de 1¢ tiene Michael en total?

7. Un agricultor tiene una huerta de manzanos con los árboles dispuestos como se muestra a continuación.

Si el agricultor quiere cosechar una manzana de cada árbol, ¿cuántas manzanas cosechará?

_____

Revisión de la lección (4.NBT.5)

1. En el modelo se muestra cómo María plantó flores en su jardín.

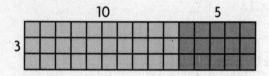

¿Cuántas flores plantó María?

_____

2. En el siguiente modelo se representa la expresión 5 × 18.

¿Cuántas decenas habrá en el producto final?

_____

Repaso en espiral (4.OA.2, 4.NBT.2, 4.NBT.4, 4.NBT.5)

3. La población de Ciudad Céntrica es veintiún mil setenta personas. Escribe cuánto es la población en forma normal.

_____

4. La Escuela Central juntó 12,516 libras de periódicos para reciclar. La Escuela Eastland juntó 12,615 libras de periódicos. ¿Cuántas libras de periódicos más que la Escuela Central juntó la Escuela Eastland?

_____

5. Allison tiene 5 veces más tarjetas de béisbol que tarjetas de fútbol americano. En total, tiene 120 tarjetas de béisbol y de fútbol americano. ¿Cuántas tarjetas de béisbol tiene Allison?

_____

6. Un colibrí de garganta rubí aletea alrededor de 53 veces por segundo. ¿Alrededor de cuántas veces aletea un colibrí de garganta rubí en 5 segundos?

_____

Nombre _____

Multiplicar usando la forma desarrollada

ESTÁNDAR COMÚN—4.NBT.5
Use place value understanding and properties of operations to perform multi-digit arithmetic.

Anota el producto. Usa la forma desarrollada como ayuda.

1. $7 \times 14 =$ ____**98**____

$7 \times 14 = 7 \times (10 + 4)$

$\qquad = (7 \times 10) + (7 \times 4)$

$\qquad = 70 + 28$

$\qquad = 98$

2. $8 \times 43 =$ _____

3. $6 \times 532 =$ _____

4. $5 \times 923 =$ _____

5. $4 \times 2,371 =$ _____

6. $7 \times 1,829 =$ _____

Resolución de problemas En el mundo

7. Los estudiantes de cuarto grado de la Escuela Riverside van de excursión. Hay 68 estudiantes en cada uno de los 4 autobuses. ¿Cuántos estudiantes van de excursión?

8. Hay 5,280 pies en una milla. A Hannah le gusta caminar 5 millas por semana como ejercicio. ¿Cuántos pies camina Hannah por semana?

_____

_____

Revisión de la lección (4.NBT.5)

1. Escribe una expresión que muestre cómo multiplicar 7×256 usando la forma desarrollada y la propiedad distributiva.

_____

_____

2. Susi usa la expresión $(8 \times 3,000) + (8 \times 200) + (8 \times 9)$ como ayuda para resolver un problema de multiplicación. ¿Cuál es el problema de multiplicación de Susi?

_____

_____

Repaso en espiral (4.NBT.1, 4.NBT.2, 4.NBT.5)

3. ¿Cuál es otra manera de escribir 9×200?

_____

_____

4. ¿Cuál es el valor del dígito 4 en 46,000?

_____

_____

5. Chris compró 6 paquetes de servilletas para su restaurante. Había 200 servilletas en cada paquete. ¿Cuántas servilletas compró Chris?

_____

6. Enumera los siguientes números de **menor** a **mayor**.

8,251; 8,125; 8,512

_____

Nombre _____

Multiplicar usando productos parciales

ESTÁNDAR COMÚN—4.NBT.5
*Use place value understanding and properties of
operations to perform multi-digit arithmetic.*

Estima. Luego anota el producto.

1. Estimación: _1,200_

$$\begin{array}{r} 243 \\ \times \quad 6 \\ \hline 1,200 \\ 240 \\ + \quad 18 \\ \hline 1,458 \end{array}$$

2. Estimación: _____

$$\begin{array}{r} 640 \\ \times \quad 3 \\ \hline \end{array}$$

3. Estimación: _____

$$\begin{array}{r} \$149 \\ \times \quad 5 \\ \hline \end{array}$$

4. Estimación: _____

$$\begin{array}{r} 721 \\ \times \quad 8 \\ \hline \end{array}$$

5. Estimación: _____

$$\begin{array}{r} 293 \\ \times \quad 4 \\ \hline \end{array}$$

6. Estimación: _____

$$\begin{array}{r} \$416 \\ \times \quad 6 \\ \hline \end{array}$$

7. Estimación: _____

$$\begin{array}{r} 961 \\ \times \quad 2 \\ \hline \end{array}$$

8. Estimación: _____

$$\begin{array}{r} 837 \\ \times \quad 9 \\ \hline \end{array}$$

9. Estimación: _____

$$\begin{array}{r} 652 \\ \times \quad 4 \\ \hline \end{array}$$

10. Estimación: _____

$$\begin{array}{r} 307 \\ \times \quad 3 \\ \hline \end{array}$$

11. Estimación: _____

$$\begin{array}{r} 543 \\ \times \quad 7 \\ \hline \end{array}$$

12. Estimación: _____

$$\begin{array}{r} \$822 \\ \times \quad 5 \\ \hline \end{array}$$

 Resolución de problemas En el mundo

13. Un laberinto de la feria de un pueblo se hizo
con 275 fardos de heno. El laberinto de la feria
estatal está hecho con 4 veces esa cantidad de
heno. ¿Cuántos fardos de heno se usan para el
laberinto de la feria estatal?

_____

14. Pedro duerme 8 horas por noche. ¿Cuántas
horas duerme Pedro en un año de 365 días?

_____

Revisión de la lección (4.NBT.5)

1. Un avión de pasajeros vuela a una velocidad promedio de 548 millas por hora. A esa velocidad, ¿cuántas millas recorre el avión en 4 horas?

2. Usa el modelo para hallar 3×157.

	100	50	7
3			

_____

_____

Repaso en espiral (4.NBT.2, 4.NBT.4, 4.NBT.5)

3. La feria escolar recaudó $1,768 por los juegos y $978 por la venta de comida. ¿Cuánto dinero recaudó en total la feria escolar por los juegos y la venta de comida?

4. Usa la siguiente tabla.

Estado	Población
Dakota del Norte	646,844
Alaska	698,473
Vermont	621,760

Enumera los estados de menor a mayor población.

_____

_____

5. Un parque nacional ocupa 218,375 acres. ¿Cómo se escribe este número en forma desarrollada?

6. El año pasado una tienda tuvo $8,000 de ganancias. Este año sus ganancias son 5 veces mayores. ¿Cuál es el monto de sus ganancias este año?

_____

_____

Nombre _____

Multiplicar usando el cálculo mental

ESTÁNDAR COMÚN—4.NBT.5
Use place value understanding and properties of operations to perform multi-digit arithmetic.

Halla el producto. Indica qué estrategia usaste.

1. 6×297 Piensa: $297 = 300 - 3$
$$6 \times 297 = 6 \times (300 - 3)$$
$$= (6 \times 300) - (6 \times 3)$$
$$= 1,800 - 18$$
$$= 1,782$$

1,782;

usar la resta

2. $8 \times 25 \times 23$

3. 8×604

4. 50×28

5. 9×199

6. $20 \times 72 \times 5$

7. 32×25

Resolución de problemas

8. En la Sección J de un estadio hay 20 hileras. En cada hilera hay 15 asientos. Todos los boletos cuestan $18 cada uno. Si se venden todos los asientos, ¿cuánto dinero ganará el estadio por la Sección J?

9. En el gimnasio de una escuela secundaria, las tribunas están divididas en 6 secciones iguales. En cada sección se pueden sentar 395 personas. ¿Cuántas personas se pueden sentar en el gimnasio?

Revisión de la lección (4.NBT.5)

1. Los lápices vienen en envases de 24 cajas. Una escuela compró 50 envases de lápices para el comienzo de clases. Cada caja de lápices cuesta $2. ¿Cuánto gastó la escuela en lápices?

_____

2. La escuela también compró 195 paquetes de marcadores. Hay 6 marcadores en cada paquete. ¿Cuántos marcadores compró la escuela?

_____

Repaso en espiral (4.NBT.4, 4.NBT.5)

3. Alex tiene 175 tarjetas de béisbol. Rodney tiene 3 veces más tarjetas de béisbol que Alex. ¿Cuántas tarjetas menos que Rodney tiene Alex?

_____

_____

4. Un teatro tiene capacidad para 1,860 personas. Para las últimas 6 funciones se agotaron los boletos. Estima el número total de personas que asistieron a las últimas 6 funciones.

_____

_____

5. En un partido de básquetbol hubo 1,207 espectadores. En el siguiente partido, hubo 958 espectadores. ¿Cuántos espectadores hubo en los dos partidos en total?

_____

6. Bill compró 4 rompecabezas. En cada rompecabezas hay 500 piezas. ¿Cuántas piezas hay en todos los rompecabezas juntos?

_____

Nombre _____

Resolución de problemas • Problemas de multiplicación de varios pasos

ESTÁNDAR COMÚN—4.0A.3
Use the four operations with whole numbers to solve problems.

Resuelve los problemas.

1. En el parque de una comunidad hay 6 mesas con un tablero de ajedrez pintado sobre cada una. En cada tablero hay 8 hileras de 8 cuadrados. Cuando se prepara un partido, se cubren 4 hileras de 8 cuadrados de cada tablero con piezas de ajedrez. Si se prepara un partido en cada mesa, ¿cuántos cuadrados en total NO se cubren con piezas de ajedrez?

    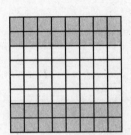

    $4 \times 8 = 32$

    $32 \times 6 = $ ⬜

    192 cuadrados

2. Jonah y sus amigos van a cosechar manzanas. Jonah llena 5 canastas. En cada canasta entran 15 manzanas. Si 4 de los amigos de Jonah cosechan la misma cantidad que Jonah, ¿cuántas manzanas cosechan en total Jonah y sus amigos? Haz un diagrama para resolver el problema.

    _____

3. Hay 6 hileras de 16 sillas preparadas para la obra de tercer grado. En las primeras 4 hileras, 2 sillas en cada extremo están reservadas para los maestros. El resto de las sillas son para los estudiantes. ¿Cuántas sillas hay para los estudiantes?

    _____

Revisión de la lección (4.OA.3)

1. En una hacienda de árboles, hay 9 hileras de 36 abetos. En cada hilera, 14 de los abetos son abetos azules. ¿Cuántos abetos NO son abetos azules?

_____

2. Ronnie colocará azulejos en una encimera. Debe colocar 54 azulejos cuadrados en cada una de las 8 hileras que diseñó para cubrir la encimera. Quiere colocar 8 grupos de 4 azulejos azules cada uno al azar y dejar el resto de los azulejos blancos. ¿Cuántos azulejos blancos necesitará Ronnie?

_____

Repaso en espiral (4.OA.1, 4.NBT.4, 4.NBT.5)

3. Juan lee un libro de 368 páginas. Savannah lee un libro que tiene 172 páginas menos que el libro de Juan. ¿Cuántas páginas hay en el libro que lee Savannah?

_____

4. Hailey tiene botellas que contienen 678 monedas de 1¢ cada una. ¿Alrededor de cuántas monedas de 1¢ tiene Hailey si tiene 6 botellas llenas de monedas de 1¢?

_____

5. En un jardín, Terrence plantó 8 hileras de flores con 28 flores en cada hilera. ¿Cuántas flores plantó Terrence?

_____

6. Kevin tiene 5 peces en su pecera. Jasmine tiene 4 veces más peces que Kevin. ¿Cuántos peces tiene Jasmine?

_____

Nombre _____

Multiplicar números de dos dígitos mediante la reagrupación

ESTÁNDAR COMÚN—4.NBT.5
Use place value understanding and properties of operations to perform multi-digit arithmetic.

Estima. Luego anota el producto.

1. Estimación: __150__

$$\begin{array}{r} 1 \\ 46 \\ \times\ \ 3 \\ \hline 138 \end{array}$$

2. Estimación: _____

$$\begin{array}{r} 32 \\ \times\ \ 8 \\ \hline \end{array}$$

3. Estimación: _____

$$\begin{array}{r} \$55 \\ \times\ \ 2 \\ \hline \end{array}$$

4. Estimación: _____

$$\begin{array}{r} 61 \\ \times\ \ 8 \\ \hline \end{array}$$

5. Estimación: _____

$$\begin{array}{r} 37 \\ \times\ \ 9 \\ \hline \end{array}$$

6. Estimación: _____

$$\begin{array}{r} \$18 \\ \times\ \ 7 \\ \hline \end{array}$$

7. Estimación: _____

$$\begin{array}{r} 83 \\ \times\ \ 5 \\ \hline \end{array}$$

8. Estimación: _____

$$\begin{array}{r} 95 \\ \times\ \ 8 \\ \hline \end{array}$$

9. Estimación: _____

$$\begin{array}{r} 94 \\ \times\ \ 9 \\ \hline \end{array}$$

10. Estimación: _____

$$\begin{array}{r} 57 \\ \times\ \ 6 \\ \hline \end{array}$$

11. Estimación: _____

$$\begin{array}{r} 72 \\ \times\ \ 3 \\ \hline \end{array}$$

12. Estimación: _____

$$\begin{array}{r} \$79 \\ \times\ \ 8 \\ \hline \end{array}$$

Resolución de problemas En el mundo

13. Sharon mide 54 pulgadas de estatura. Un árbol de su patio es 5 veces más alto que ella. El piso de la casa del árbol que tiene Sharon está a una altura dos veces mayor que la estatura de Sharon. ¿Cuál es la diferencia, en pulgadas, entre la parte superior del árbol y el piso de la casa del árbol?

14. La clase del maestro Díaz irá de excursión al museo de ciencias. Hay 23 estudiantes en la clase y el boleto para estudiantes cuesta $8. ¿Cuánto costarán los boletos para los estudiantes?

_____

_____

Revisión de la lección (4.NBT.5)

1. Un ferry hace cuatro viajes por día a una isla. El ferry puede llevar 88 personas. Si el ferry va completo en cada viaje, ¿cuántos pasajeros lleva por día?

2. Julián contó el número de veces que cruzó el Puente de las Siete Millas en carro mientras estaba de vacaciones en los Cayos de la Florida. Cruzó el puente 34 veces. ¿Cuántas millas en total recorrió Julián al cruzar el puente?

Repaso en espiral (4.NBT.2, 4.NBT.4, 4.NBT.5)

3. Sebastián escribió la población de su ciudad como 300,000 + 40,000 + 60 + 7. Escribe la población de la ciudad de Sebastián en forma normal.

4. Un avión voló 2,190 kilómetros desde Chicago hasta Flagstaff. Otro avión voló 2,910 kilómetros desde Chicago hasta Oakland. ¿Cuánto más lejos viajó el avión que voló hasta Oakland que el avión que voló a Flagstaff?

5. Tori compró 27 paquetes de carros de carrera en miniatura. En cada paquete había 5 carros. ¿Alrededor de cuántos carros de carrera en miniatura compró Tori?

6. Usa la propiedad distributiva para escribir una expresión equivalente a $5 \times (3 + 4)$.

Multiplicar números de 3 dígitos y de 4 dígitos mediante la reagrupación

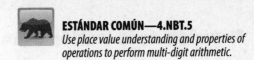

ESTÁNDAR COMÚN—4.NBT.5
Use place value understanding and properties of operations to perform multi-digit arithmetic.

Estima. Luego halla el producto.

1. Estimación: __4,000__

$$
\begin{array}{r}
\scriptstyle 1\ 2\ 2 \\
1{,}467 \\
\times\qquad 4 \\
\hline
5{,}868
\end{array}
$$

2. Estimación: _____

$$
\begin{array}{r}
5{,}339 \\
\times\qquad 6 \\
\hline
\end{array}
$$

3. Estimación: _____

$$
\begin{array}{r}
\$879 \\
\times\qquad 8 \\
\hline
\end{array}
$$

4. Estimación: _____

$$
\begin{array}{r}
3{,}182 \\
\times\qquad 5 \\
\hline
\end{array}
$$

5. Estimación: _____

$$
\begin{array}{r}
4{,}616 \\
\times\qquad 3 \\
\hline
\end{array}
$$

6. Estimación: _____

$$
\begin{array}{r}
\$2{,}854 \\
\times\qquad 9 \\
\hline
\end{array}
$$

7. Estimación: _____

$$
\begin{array}{r}
7{,}500 \\
\times\qquad 2 \\
\hline
\end{array}
$$

8. Estimación: _____

$$
\begin{array}{r}
948 \\
\times\qquad 7 \\
\hline
\end{array}
$$

9. Estimación: _____

$$
\begin{array}{r}
1{,}752 \\
\times\qquad 6 \\
\hline
\end{array}
$$

10. Estimación: _____

$$
\begin{array}{r}
550 \\
\times\qquad 9 \\
\hline
\end{array}
$$

11. Estimación: _____

$$
\begin{array}{r}
6{,}839 \\
\times\qquad 4 \\
\hline
\end{array}
$$

12. Estimación: _____

$$
\begin{array}{r}
\$9{,}614 \\
\times\qquad 3 \\
\hline
\end{array}
$$

Resolución de problemas En el mundo

13. La población del condado de Lafayette es 7,022 habitantes. La población del condado de Columbia es 8 veces mayor que la población del condado de Lafayette. ¿Cuál es la población del condado de Columbia?

14. Una compañía de mariscos vendió 9,125 libras de pescado el mes pasado. Si 6 compañías de mariscos vendieron la misma cantidad de pescado, ¿cuánto pescado vendieron las 6 compañías en total el mes pasado?

_____

_____

Revisión de la lección (4.NBT.5)

1. Cuando se recicla 1 tonelada de papel, se ahorran 6,953 galones de agua. ¿Cuántos galones de agua se ahorran cuando se reciclan 4 toneladas de papel?

2. Esteban contó el número de pasos que caminó hasta llegar a la escuela. Contó 1,138 pasos. ¿Cuántos pasos camina para ir y venir de la escuela por día?

Repaso en espiral (4.NBT.2, 4.NBT.3, 4.NBT.4, 4.NBT.5)

3. Una página web tiene 13,406 personas registradas. ¿Cómo es este número en palabras?

4. En un año, la familia McAlister recorrió 15,680 millas con su carro. Redondeadas al millar más próximo, ¿cuántas millas recorrieron con el carro ese año?

5. Connor anotó 14,370 puntos en un partido. Amy anotó 1,089 puntos menos que Connor. ¿Cuántos puntos anotó Amy?

6. Lara compró 6 carros de juguete que costaron $15 cada uno. También compró 4 frascos de pintura que costaron $11 cada uno. ¿Cuánto gastó Lara en total en los carros de juguete y en la pintura?

Nombre _____

Resolver problemas de varios pasos usando ecuaciones

ESTÁNDAR COMÚN—4.OA.3
Use the four operations with whole numbers to solve problems.

Halla el valor de *n*.

1. $4 \times 27 + 5 \times 34 - 94 = n$

$108 + 5 \times 34 - 94 = n$

$108 + 170 - 94 = n$

$278 - 94 = n$

$184 = n$

2. $7 \times 38 + 3 \times 45 - 56 = n$

_____ $= n$

3. $6 \times 21 + 7 \times 29 - 83 = n$

_____ $= n$

4. $9 \times 19 + 2 \times 57 - 75 = n$

_____ $= n$

5. $5 \times 62 + 6 \times 33 - 68 = n$

_____ $= n$

6. $8 \times 19 + 4 \times 49 - 39 = n$

_____ $= n$

Resolución de problemas En el mundo

7. En una panadería hay 4 bandejas con 16 panecillos cada una. En la panadería también hay 3 bandejas con 24 magdalenas cada una. Si se venden 15 magdalenas, ¿cuántos panecillos y magdalenas quedan?

_____

_____

8. Katy compró 5 paquetes de 25 adhesivos cada uno. También compró 3 cajas de 12 marcadores cada una. Si recibe 8 adhesivos de un amigo, ¿cuántos adhesivos y marcadores tiene Katy ahora?

_____

_____

Revisión de la lección (4.OA.3)

1. ¿Cuál es el valor de n?

$9 \times 23 + 3 \times 39 - 28 = n$

2. ¿Cuál es el valor de n?

$4 \times 28 + 6 \times 17 - 15 = n$

Repaso en espiral (4.OA.1, 4.NBT.5)

3. Escribe una expresión que muestre cómo puedes multiplicar 9×475 usando la forma desarrollada y la propiedad distributiva.

4. ¿Qué ecuación representa mejor el enunciado de comparación?

32 es 8 veces 4.

5. ¿Entre qué pares de números está el producto exacto de 379 y 8?

6. Escribe una expresión que muestre la estrategia de dividir entre 2 y duplicar para hallar 28×50.

Carta para la casa

© Houghton Mifflin Harcourt Publishing Company

Vocabulario

estimar Hallar un resultado cercano a la cantidad exacta

números compatibles Números que son fáciles de calcular mentalmente

productos parciales Un método de multiplicación en el que las unidades, las decenas, las centenas, etc. se multiplican por separado y luego se suman los productos

Querida familia:

Durante las próximas semanas, en la clase de matemáticas aprenderemos a multiplicar por números enteros de 2 dígitos. También aprenderemos a describir cuán razonable es una estimación.

El estudiante llevará a casa tareas para practicar la estimación y la multiplicación de números de más de 1 dígito.

Este es un ejemplo de cómo se le enseñará a multiplicar por números de 2 dígitos.

🔒 MODELO   Multiplica números de 2 dígitos.

Esta es una manera en la que multiplicaremos por números de 2 dígitos.

PASO 1

Multiplica por el dígito de las unidades.

$$\begin{array}{r} 2 \\ 24 \\ \times\ 25 \\ \hline 120 \end{array}$$ ← producto parcial

PASO 2

Multiplica por el dígito de las decenas. Comienza escribiendo un cero en el lugar del las unidades.

$$\begin{array}{r} 2 \\ 24 \\ \times\ 25 \\ \hline 120 \\ +\ 480 \end{array}$$ ← producto parcial

PASO 3

Suma los productos parciales.

$$\begin{array}{r} 2 \\ 24 \\ \times\ 25 \\ \hline 120 \\ +\ 480 \\ \hline 600 \end{array}$$ ← producto

Pistas

Estimar para comprobar la multiplicación

Cuando se usa la estimación para comprobar que el resultado de una multiplicación es razonable, cada factor se suele redondear a un múltiplo de 10 que tiene un solo dígito distinto de cero. Después se puede usar el cálculo mental para recordar el producto básico de la operación, y se pueden usar patrones para determinar la cantidad correcta de ceros de la estimación.

School-Home Letter

Vocabulary

estimate To find an answer that is close to the exact amount

compatible numbers Numbers that are easy to compute mentally

partial products A method of multiplying in which the ones, tens, hundreds, and so on are multiplied separately and then the products are added together

Dear Family,

During the next few weeks, our math class will be learning to multiply by 2-digit whole numbers. We will also learn how to describe the reasonableness of an estimate.

You can expect to see homework that provides practice with estimation and multiplication of numbers with more than 1 digit.

Here is a sample of how your child will be taught to multiply by a 2-digit number.

MODEL Multiply 2-Digit Numbers

This is one way that we will be multiplying by 2-digit numbers.

STEP 1

Multiply by the ones digit.

$$
\begin{array}{r}
\overset{2}{24} \\
\times\ 25 \\
\hline
120 \\
\end{array}
$$
← partial product

STEP 2

Multiply by the tens digit. Start by placing a zero in the ones place.

$$
\begin{array}{r}
\overset{2}{24} \\
\times\ 25 \\
\hline
120 \\
+\ 480 \\
\end{array}
$$
← partial product

STEP 3

Add the partial products.

$$
\begin{array}{r}
\overset{2}{24} \\
\times\ 25 \\
\hline
120 \\
+\ 480 \\
\hline
600 \\
\end{array}
$$
← product

Tips

Estimating to Check Multiplication

When estimation is used to check that a multiplication answer is reasonable, usually each factor is rounded to a multiple of 10 that has only one nonzero digit. Then mental math can be used to recall the basic fact product, and patterns can be used to determine the correct number of zeros in the estimate.

Nombre _____

Multiplicar por decenas

ESTÁNDAR COMÚN—4.NBT.5
Use place value understanding and properties of operations to perform multi-digit arithmetic.

Elige un método. Luego halla el producto.

1. 16×60

Usa la estrategia de dividir entre 2 y duplicar.

Halla la mitad de 16: $16 \div 2 = 8$.

Multiplica este número por 60: $8 \times 60 = 480$

Duplica este resultado: $2 \times 480 = 960$

960

2. 80×22

3. 30×52

4. 60×20

5. 40×35

6. 10×90

7. 31×50

Resolución de problemas · En el mundo

8. Kenny compró 20 paquetes de tarjetas de béisbol. Hay 12 tarjetas en cada paquete. ¿Cuántas tarjetas compró Kenny?

9. La familia Hart tardó 10 horas en llegar en carro hasta el lugar de sus vacaciones. En promedio viajaron 48 millas por hora. ¿Cuántas millas recorrieron en total?

Revisión de la lección (4.NBT.5)

1. Para la obra escolar, se disponen 40 hileras de sillas. Hay 22 sillas en cada hilera. ¿Cuántas sillas hay en total?

2. En la Escuela West hay 20 salones de clases. Hay 20 estudiantes en cada salón. ¿Cuántos estudiantes hay en la Escuela West?

Repaso en espiral (4.OA.1, 4.OA.2, 4.OA.3, 4.NBT.4)

3. Álex tiene 48 adhesivos. Esto equivale a 6 veces la cantidad de adhesivos que tiene Max. ¿Cuántos adhesivos tiene Max?

4. El perro de Alí pesa 8 veces más que su gato. Las dos mascotas juntas pesan 54 libras. ¿Cuánto pesa el perro de Alí?

5. Allison tiene 3 recipientes con 25 crayones cada uno. También tiene 4 cajas de marcadores con 12 marcadores cada una. Allison le da 10 crayones a un amigo. ¿Cuántos crayones y marcadores tiene Allison ahora?

6. El estado de Utah ocupa 82,144 millas cuadradas. El estado de Montana ocupa 145,552 millas cuadradas. ¿Cuál es el área total de los dos estados?

Nombre _____

Estimar productos

ESTÁNDAR COMÚN—4.NBT.5
Use place value understanding and properties of operations to perform multi-digit arithmetic.

Estima el producto. Elige un método.

1. 38×21

$$38 \times 21$$

$$\downarrow \qquad \downarrow$$

$$40 \times 20$$

<u>800</u>

2. 63×19

_____

3. $27 \times \$42$

_____

4. 73×67

_____

5. $37 \times \$44$

_____

6. 85×71

_____

7. 88×56

_____

8. 97×13

_____

9. 92×64

_____

Resolución de problemas

10. Una moneda de 10¢ tiene un diámetro de alrededor de 18 milímetros. ¿Alrededor de cuántos milímetros de longitud tendría una hilera de 34 monedas de 10¢?

_____

11. Una moneda de 50¢ tiene un diámetro de alrededor de 31 milímetros. ¿Alrededor de cuántos milímetros de longitud tendría una hilera de 56 monedas de 50¢?

_____

Revisión de la lección (4.NBT.5)

1. ¿Cuál es una estimación razonable para el producto de 43 × 68?

_____

2. Marisa quema 93 calorías cada vez que juega a lanzarle la pelota a su perro. Juega con su perro una vez por día. ¿Alrededor de cuántas calorías quemará Marisa por jugar con su perro en 28 días?

_____

_____

Repaso en espiral (4.NBT.1, 4.NBT.3, 4.NBT.5)

3. Usa el modelo para hallar 3 × 126.

4. En una tienda, una determinada marca de vaqueros cuesta $38. Un día, se vendieron 6 pares de vaqueros de esa marca. ¿Cuánto dinero obtuvo la tienda por la venta de esos 6 pares de vaqueros?

_____

5. El arco Gateway Arch en St. Louis, Missouri, pesa alrededor de 20,000 toneladas. Escribe una cantidad que podría ser el número exacto de toneladas que pesa el arco.

_____

6. ¿De qué otro modo puedes escribir 23 decenas de millar?

_____

Nombre _____

Modelos de áreas y productos parciales

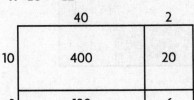

ESTÁNDAR COMÚN—4.NBT.5
Use place value understanding and properties of operations to perform multi-digit arithmetic.

**Dibuja un modelo para representar el producto.
Luego anota el producto.**

1. 13×42

	40	2
10	400	20
3	120	6

$400 + 20 + 120 + 6 = \underline{546}$

2. 18×34

_____

3. 22×26

_____

4. 15×33

_____

5. 23×29

_____

6. 19×36

_____

Resolución de problemas

7. Sebastián hizo el siguiente modelo para hallar el producto de 17×24.

	20	4
10	200	40
7	14	28

$200 + 40 + 14 + 28 = 282$

¿Es correcto su modelo? Explica por qué.

_____

_____

8. En un kínder, cada niño del salón de la maestra Sike tiene una caja de crayones. Cada caja contiene 36 crayones. Si hay 18 niños en el salón de la maestra Sike, ¿cuántos crayones hay en total?

_____

_____

Revisión de la lección (4.NBT.5)

1. ¿Qué producto representa el siguiente modelo?

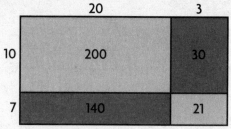

2. ¿Qué producto representa el siguiente modelo?

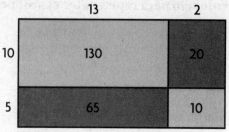

_____

_____

Repaso en espiral (4.OA.3, 4.NBT.5)

3. María usa fichas cuadradas para construir el tablero de una mesa. Hay 12 hileras de fichas y 30 fichas en cada hilera. ¿Cuántas fichas usa María en total?

4. Trevor hornea 8 tandas de panecillos de 14 panecillos cada una. Separa 4 panecillos de cada tanda para una feria de pastelería y coloca el resto en un frasco. ¿Cuántos panecillos coloca Trevor en el frasco?

_____

_____

5. Li le da a su perro 3 tazas de alimento por día. ¿Alrededor de cuántas tazas de alimento come su perro en 28 días?

6. Halla el producto de $20 \times 9 \times 5$. Di qué propiedad has usado.

_____

_____

_____

_____

Nombre _____

Multiplicar usando productos parciales

ESTÁNDAR COMÚN—4.NBT.5
Use place value understanding and properties of operations to perform multi-digit arithmetic.

Anota el producto.

1.   23
    × 79

1,400
  210
  180
+ 27
1,817

2.   56
    × 32

3.   87
    × 64

4.   33
    × 25

5.   94
    × 12

6.   51
    × 77

7.   69
    × 49

8.   86
    × 84

9.   98
    × 42

10.   73
    × 37

11.   85
    × 51

Resolución de problemas

12. Evelyn toma 8 vasos de agua por día, lo que equivale a 56 vasos de agua por semana. ¿Cuántos vasos de agua toma en un año? (1 año = 52 semanas)

13. Joe quiere usar los fondos del Club de Excursiones para comprar nuevos bastones de caminata para cada uno de sus 19 miembros. Los bastones cuestan $26 cada uno. El club tiene $480. ¿Es suficiente dinero para comprarle un bastón nuevo a cada miembro? Si no, ¿cuánto dinero más hace falta?

Revisión de la lección (4.NBT.5)

1. Un puesto de refrigerios de una feria ganó $76 en un día por la venta de palomitas de maíz. Ganó 22 veces más por la venta de algodón de azúcar. ¿Cuánto dinero ganó el puesto por la venta de algodón de azúcar?

_____

2. Enumera los productos parciales de 42 × 28.

_____

Repaso en espiral (4.OA.1, 4.OA.3, 4.NBT.5)

3. El año pasado, la biblioteca de la ciudad reunió 117 libros usados para sus estantes. Este año, reunió 3 veces más libros. ¿Cuántos libros reunió este año?

_____

4. La Escuela Primaria Washington tiene 232 estudiantes. La Escuela Secundaria Washington tiene 6 veces más estudiantes. ¿Cuántos estudiantes tiene la Escuela Secundaria Washington?

_____

5. Enumera los productos parciales de 35 × 7.

_____

6. Shelby tiene diez billetes de $5 y trece billetes de $10. ¿Cuánto dinero tiene Shelby en total?

_____

Nombre _____

Multiplicar mediante la reagrupación

ESTÁNDAR COMÚN—4.NBT.5
Use place value understanding and properties of operations to perform multi-digit arithmetic.

Estima. Luego halla el producto.

1. Estimación: __2,700__

$$
\begin{array}{r}
{\scriptstyle 2} \\
{\scriptstyle 1} \\
87 \\
\times\ \ 32 \\
\hline
174 \\
+\ \ 2,610 \\
\hline
2,784 \\
\end{array}
$$

Piensa: 87 está cerca de 90 y 32 está cerca de 30.

$$90 \times 30 = 2,700$$

2. Estimación: _____

$$
\begin{array}{r}
73 \\
\times\ \ 28 \\
\hline
\end{array}
$$

3. Estimación: _____

$$
\begin{array}{r}
48 \\
\times\ \ 38 \\
\hline
\end{array}
$$

4. Estimación: _____

$$
\begin{array}{r}
59 \\
\times\ \ 52 \\
\hline
\end{array}
$$

5. Estimación: _____

$$
\begin{array}{r}
84 \\
\times\ \ 40 \\
\hline
\end{array}
$$

6. Estimación: _____

$$
\begin{array}{r}
83 \\
\times\ \ 77 \\
\hline
\end{array}
$$

7. Estimación: _____

$$
\begin{array}{r}
91 \\
\times\ \ 19 \\
\hline
\end{array}
$$

Resolución de problemas

8. Las pelotas de béisbol vienen en cajas de 84 pelotas. Un equipo encarga 18 cajas de pelotas. ¿Cuántas pelotas de béisbol encarga el equipo?

9. Hay 16 mesas en el comedor escolar. En cada mesa caben 22 estudiantes sentados. ¿Cuántos estudiantes pueden sentarse a almorzar en el comedor al mismo tiempo?

_____   _____

1. La maestra de arte tiene 48 cajas de crayones. Hay 64 crayones en cada caja. ¿Cuántos crayones tiene la maestra?

2. Un equipo de básquetbol anotó un promedio de 52 puntos en cada uno de los 15 partidos que jugó. ¿Cuántos puntos anotó el equipo en total?

Repaso en espiral (4.OA.1, 4.OA.2, 4.OA.3, 4.NBT.5)

3. Un sábado, se vendieron 83 bolsas de manzanas en un huerto. Cada bolsa contenía 27 manzanas. ¿Cuántas manzanas se vendieron?

4. Hannah tiene una cuadrícula con 12 hileras y 15 cuadrados en cada hilera. Colorea de azul 5 hileras de 8 cuadrados en el centro de la cuadrícula. Colorea de rojo el resto de los cuadrados. ¿Cuántos cuadrados colorea Hannah de rojo?

5. Gabriela tiene 4 veces más gomas de borrar que Lucía. Lucía tiene 8 gomas de borrar. ¿Cuántas gomas de borrar tiene Gabriela?

6. Phil tiene 3 veces más rocas que Peter. Juntos tienen 48 rocas. ¿Cuántas más rocas que Peter tiene Phil?

Nombre _____

Elegir un método para multiplicar

ESTÁNDAR COMÚN—4.NBT.5
Use place value understanding and properties of operations to perform multi-digit arithmetic.

Estima. Luego elige un método para hallar el producto.

1. Estimación: __1,200__

$$\begin{array}{r} 31 \\ \times\ 43 \\ \hline 93 \\ +\ 1,240 \\ \hline 1,333 \end{array}$$

2. Estimación: _____

$$\begin{array}{r} 67 \\ \times\ 85 \\ \hline \end{array}$$

3. Estimación: _____

$$\begin{array}{r} 68 \\ \times\ 38 \\ \hline \end{array}$$

4. Estimación: _____

$$\begin{array}{r} 95 \\ \times\ 17 \\ \hline \end{array}$$

5. Estimación: _____

$$\begin{array}{r} 49 \\ \times\ 54 \\ \hline \end{array}$$

6. Estimación: _____

$$\begin{array}{r} 91 \\ \times\ 26 \\ \hline \end{array}$$

7. Estimación: _____

$$\begin{array}{r} 82 \\ \times\ 19 \\ \hline \end{array}$$

8. Estimación: _____

$$\begin{array}{r} 46 \\ \times\ 27 \\ \hline \end{array}$$

9. Estimación: _____

$$\begin{array}{r} 41 \\ \times\ 33 \\ \hline \end{array}$$

10. Estimación: _____

$$\begin{array}{r} 97 \\ \times\ 13 \\ \hline \end{array}$$

11. Estimación: _____

$$\begin{array}{r} 75 \\ \times\ 69 \\ \hline \end{array}$$

Resolución de problemas

12. Una sala de cine tiene 26 hileras de butacas. Hay 18 butacas por hilera. ¿Cuántas butacas hay en total?

13. Cada clase de la Escuela Primera Briarwood reunió al menos 54 latas de comida durante una colecta. Si hay 29 clases en la escuela, ¿cuál fue el menor número de latas que se reunió?

_____

_____

Revisión de la lección (4.NBT.5)

1. Un coro necesita túnicas nuevas para cada uno de sus 46 cantantes. Cada túnica cuesta $32. ¿Cuál será el costo total de las 46 túnicas?

2. En la pared lateral de un edificio hay 52 hileras de ladrillos y cada hilera tiene 44 ladrillos. ¿Cuántos ladrillos forman la pared?

Repaso en espiral (4.NBT.4, 4.NBT.5)

3. Escribe una expresión que muestre cómo multiplicar 4 × 362 usando el valor posicional y la forma desarrollada.

4. Usa el siguiente modelo. ¿Cuál es el producto de 4 × 492?

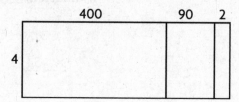

5. ¿Cuál es la suma de 13,094 + 259,728?

6. Durante la temporada 2008–2009, en Philadelphia asistieron 801,372 personas a los partidos de hockey locales. En Phoenix, 609,907 personas asistieron a los partidos de hockey locales. ¿Cuánto mayor fue la asistencia local en Philadelphia que en Phoenix durante esa temporada?

Resolución de problemas • Multiplicar números de dos dígitos

ESTÁNDAR COMÚN—4.0A.3
Use the four operations with whole numbers to solve problems.

Resuelve los problemas. Usa un modelo de barras como ayuda.

1. Mason contó un promedio de 18 aves por día en su comedero de aves durante 20 días. Gloria contó un promedio de 21 aves por día en su comedero de aves durante 16 días. ¿Cuántas más aves que Gloria contó Mason en su comedero?

   Aves que contó Mason: $18 \times 20 \times 360$

   Aves que contó Gloria: $21 \times 16 \times 336$

   Dibuja un modelo de barras para comparar.

   Resta. $360 - 336 = 24$

   | Mason contó 360 aves. |

   | Gloria contó 336 aves. |
   ?

   Entonces, Mason contó __24__ aves más.

2. Los 24 estudiantes de la clase de la maestra López reunieron cada uno un promedio de 18 latas para reciclar. Los 21 estudiantes de la clase del maestro Gálvez reunieron cada uno un promedio de 25 latas para reciclar. ¿Cuántas más latas reunieron los estudiantes de la clase del maestro Gálvez que los de la clase de la maestra López?

   _____

3. En la Escuela East, hay un promedio de 22 estudiantes en cada uno de los 45 salones de clase. En la Escuela West, hay un promedio de 23 estudiantes en cada uno de los 42 salones de clase. ¿Cuántos estudiantes más hay en la Escuela East que en la Escuela West?

   _____

4. La tienda de regalos de un zoológico encarga 18 cajas con 75 llaveros cada una y 15 cajas con 80 imanes para el refrigerador cada una. ¿Cuántos más llaveros que imanes encarga la tienda?

   _____

Revisión de la lección (4.OA.3)

1. La empresa Fabricaciones Ace encargó
17 cajas con 85 rodamientos cada una.
También encargó 15 cajas con 90 resortes cada
una. ¿Cuántos más rodamientos que resortes
encargó la empresa?

2. Elton caminó 16 millas por día en un viaje de
12 días de caminata. Lola caminó 14 millas por
día en un viaje de 16 días de caminata. En total,
¿cuántas millas más que Elton caminó Lola?

Repaso en espiral (4.OA.2, 4.NBT.1, 4.NBT.3, 4.NBT.5)

3. En un huerto hay 24 hileras de manzanos.
Hay 35 manzanos en cada hilera. ¿Cuántos
manzanos hay en el huerto?

4. Un parque de diversiones tuvo
354,605 visitantes el verano pasado.
¿Cuál es este número redondeado al
millar más próximo?

5. Al partido de fútbol americano, asistieron
102,653 personas. ¿Cuál es el valor del
dígito 6?

6. El pez de Jill pesa 8 veces más que su periquito.
Las dos mascotas juntas pesan 63 onzas.
¿Cuánto pesa el pez?

Capítulo 4

Carta para la casa

Querida familia:

Durante las próximas semanas, en la clase de matemáticas aprenderemos a representar la división y a usar el algoritmo de la división para dividir dividendos de hasta tres dígitos entre divisores de un dígito. Para ello, desarrollaremos diferentes métodos para dividir, entre otros, usar modelos, resta repetida y el algoritmo de la división estándar. También aprenderemos a dividir con residuos.

El estudiante llevará a casa tareas con actividades para representar la división y para usar el algoritmo de la división.

Este es un ejemplo de cómo se le enseñará a representar la división usando la propiedad distributiva.

Vocabulario

múltiplo Un número que es el producto de un número dado y un número positivo.

propiedad distributiva La propiedad que establece que dividir una suma entre un número es igual que dividir cada sumando entre dicho número y luego sumar los cocientes.

residuo La cantidad que queda cuando un número no se puede dividir en partes iguales.

🔑 MODELO Usa la propiedad distributiva para dividir.

Así es como dividiremos usando la propiedad distributiva.

Halla $72 \div 3$.

PASO 1

Dibuja un rectángulo para representar $72 \div 3$.

$$3 \quad \boxed{\;? \atop 72\;}$$

PASO 2

Piensa en 72 como $60 + 12$.
Divide el modelo en dos rectángulos para mostrar $(60 + 12) \div 3$.

$$3 \quad \boxed{60 \mid 12}$$

Pistas

En la medida de lo posible, trata de usar operaciones de división y múltiplos de diez cuando dividas el modelo en rectángulos más pequeños. En el problema anterior, $60 \div 3$ es fácil de hallar mentalmente.

PASO 3

Cada rectángulo representa una división.

$$72 \div 3 = (60 \div 3) + (12 \div 3)$$
$$= 20 + 4$$
$$= 24$$

Entonces, $72 \div 3 = 24$.

© Houghton Mifflin Harcourt Publishing Company

School-Home Letter

© Houghton Mifflin Harcourt Publishing Company

Dear Family,

During the next few weeks, our math class will be learning how to model division, and use the division algorithm to divide up to three-digit dividends by 1-digit divisors. The class will learn different methods to divide, including using models, repeated subtraction, and the standard division algorithm. We will also learn to divide with remainders.

You can expect to see homework that provides practice modeling division and using the division algorithm.

Here is a sample of how your child will be taught to model division using the Distributive Property.

Vocabulary

multiple A number that is the product of a given number and a counting number.

Distributive Property The property that states that dividing a sum by a number is the same as dividing each addend by the number and then adding the quotients.

remainder The amount left over when a number cannot be divided evenly.

🔑 MODEL Use the Distributive Property to Divide

This is how we will divide using the Distributive Property.

Find $72 \div 3$.

STEP 1

Draw a rectangle to model $72 \div 3$.

	?
3	72

STEP 2

Think of 72 as $60 + 12$. Break apart the model into two rectangles to show $(60 + 12) \div 3$.

3	60	12

Tips

Whenever possible, try to use division facts and multiples of ten when breaking your rectangle into smaller rectangles. In the problem at the left, $60 \div 3$ is easy to find mentally.

STEP 3

Each rectangle models a division.

$$72 \div 3 = (60 \div 3) + (12 \div 3)$$
$$= 20 + 4$$
$$= 24$$

So, $72 \div 3 = 24$.

Nombre _____

Estimar cocientes usando múltiplos

ESTÁNDAR COMÚN—4.NBT.6
Use place value understanding and properties of operations to perform multi-digit arithmetic.

Halla dos números entre los que se encuentre el cociente. Luego estima el cociente.

1. 175 ÷ 6

entre 20 y 30 _____

alrededor de 30 _____

Piensa: 6 × 20 = 120 y 6 × 30 = 180.
Entonces, 175 ÷ 6 se encuentra entre 20 y 30.
Puesto que 175 está más cerca de 180 que de 120, el cociente es alrededor de 30.

2. 53 ÷ 3

_____

_____

3. 75 ÷ 4

_____

_____

4. 215 ÷ 9

_____

_____

5. 284 ÷ 5

_____

_____

6. 191 ÷ 3

_____

_____

7. 100 ÷ 7

_____

_____

8. 438 ÷ 7

_____

_____

9. 103 ÷ 8

_____

_____

10. 255 ÷ 9

_____

_____

Resolución de problemas

11. Joy juntó 287 latas de aluminio en 6 horas. ¿Alrededor de cuántas latas juntó por hora?

12. Paul vendió 162 vasos de limonada en 5 horas. ¿Alrededor de cuántos vasos de limonada vendió cada hora?

_____

_____

Revisión de la lección (4.NBT.6)

1. Abby hizo 121 ejercicios abdominales en 8 minutos. Estima la cantidad de ejercicios abdominales que hizo en 1 minuto.

_____

_____

_____

_____

2. La familia Garibaldi recorrió en carro 400 millas en 7 horas. Estima la cantidad de millas que recorrieron en 1 minuto.

_____

_____

Repaso en espiral (4.OA.2, 4.OA.3, 4.NBT.4, 4.NBT.5)

3. Doce niños juntaron 16 latas de aluminio cada uno. Quince niñas juntaron 14 latas de aluminio cada una. ¿Cuántas latas más juntaron las niñas que los niños?

_____

4. George compró 30 paquetes de tarjetas de fútbol americano. En cada paquete había 14 tarjetas. ¿Cuántas tarjetas compró George?

_____

5. Sara armó un collar usando 5 veces más cuentas azules que cuentas blancas. Usó un total de 30 cuentas. ¿Cuántas cuentas azules usó Sara?

_____

6. Este año, la Sra. Webster voló 145,000 millas por motivos de negocios. El año pasado, voló 83,125 millas. ¿Cuántas millas más voló este año la Sra. Webster por motivos de negocios?

_____

Nombre _____

Residuos

ESTÁNDAR COMÚN—4.NBT.6
Use place value understanding and properties of operations to perform multi-digit arithmetic.

Usa fichas para hallar el cociente y el residuo.

1. $13 \div 4$

   3 r1

2. $24 \div 7$

3. $39 \div 5$

4. $36 \div 8$

5. $6)\overline{27}$

6. $25 \div 9$

7. $3)\overline{17}$

8. $26 \div 4$

Divide. Haz un dibujo rápido como ayuda.

9. $14 \div 3$

10. $5)\overline{29}$

Resolución de problemas · En el mundo

11. ¿Cuáles son el cociente y el residuo del problema de división que se representa abajo?

12. Mark dibujó el siguiente modelo y dijo que representaba el problema $21 \div 4$. ¿Es correcto el modelo de Mark? Si lo es, ¿cuáles son el cociente y el residuo? Si no lo es, ¿cuáles son el cociente y el residuo correctos?

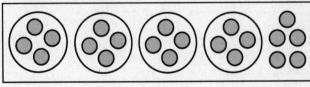

Revisión de la lección (4.NBT.6)

1. ¿Cuáles son el cociente y el residuo de 32 ÷ 6?

2. ¿Cuál es el residuo del problema de división que se representa abajo?

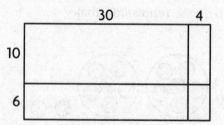

Repaso en espiral (4.OA.3, 4.NBT.2, 4.NBT.5)

3. Cada kit para armar un castillo contiene 235 piezas. ¿Cuántas piezas hay en 4 kits?

4. En 2010, la población de Alaska era alrededor de 710,200 personas. ¿Cuál es la forma en palabras de ese número?

5. En el teatro, un sector de butacas tiene 8 hileras con 12 butacas en cada una. En el centro de las 3 primeras hileras hay 4 butacas rotas que no pueden usarse. ¿Cuántas butacas pueden usarse en ese sector?

6. ¿Qué productos parciales se muestran en el siguiente modelo?

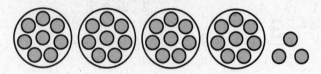

Interpretar el residuo

ESTÁNDAR COMÚN—4.0A.3
Use the four operations with whole numbers to solve problems.

Interpreta el residuo para resolver los problemas.

1. Hakeem tiene 100 plantas de tomate. Quiere plantarlas en hileras de 8 plantas cada una. ¿Cuántas hileras completas tendrá?

    Piensa: 100 ÷ 8 es igual a 12 con un residuo de 4. En el problema se te pregunta "cuántas hileras completas"; entonces, usa solo el cociente.

    ## 12 hileras completas

2. Una maestra tiene 27 estudiantes en su clase. Pide a los estudiantes que formen tantos grupos de 4 como sea posible. ¿Cuántos estudiantes no estarán en un grupo?

3. Una empresa de productos deportivos puede enviar 6 pelotas de fútbol americano en cada caja. ¿Cuántas cajas se necesitan para enviar 75 pelotas de fútbol americano?

4. Un carpintero tiene una tabla que mide 10 pies de longitud. Quiere fabricar 6 patas de mesa que tengan la misma longitud. ¿Cuánto es lo máximo que puede medir cada pata?

5. Allie quiere disponer su jardín de flores en 8 hileras iguales. Compra 60 plantas. ¿Cuál es la mayor cantidad de plantas que puede colocar en cada hilera?

Resolución de problemas En el mundo

6. Joanna tiene 70 cuentas. Usa 8 cuentas para cada pulsera. Arma tantas pulseras como le es posible. ¿Cuántas cuentas le sobrarán a Joanna?

7. Una maestra quiere entregar 3 marcadores a cada uno de sus 25 estudiantes. Los marcadores vienen en paquetes de 8. ¿Cuántos paquetes de marcadores necesitará la maestra?

Revisión de la lección (4.OA.3)

1. Marcos dispone sus 85 tarjetas de béisbol en pilas de 9 tarjetas. ¿Cuántas pilas de 9 tarjetas formará Marcos?

2. Una furgoneta puede llevar hasta 7 personas. ¿Cuántas furgonetas se necesitan para llevar a 45 personas a un partido de básquetbol?

Repaso en espiral (4.OA.1, 4.NBT.4, 4.NBT.5, 4.NBT.6)

3. La Sra. Wilkerson cortó algunas naranjas en 20 trozos iguales para repartir entre 6 amigos. ¿Cuántos trozos recibió cada persona y cuántos sobraron?

4. Una escuela compró 32 escritorios nuevos. Cada escritorio costó $24. ¿Cuál es la mejor estimación de lo que gastó la escuela en los escritorios nuevos?

5. Kris tiene una caja con 8 crayones. La caja de Silvia tiene 6 veces más crayones que la caja de Kris. ¿Cuántos crayones hay en la caja de Silvia?

6. Ayer, 1,743 personas visitaron la feria. Hoy, hay 576 personas más que ayer en la feria. ¿Cuántas personas hay en la feria hoy?

© Houghton Mifflin Harcourt Publishing Company

Nombre _____

Dividir decenas, centenas y millares

 ESTÁNDAR COMÚN—4.NBT.6
Use place value understanding and properties of operations to perform multi-digit arithmetic.

Usa las operaciones básicas y el valor posicional para hallar el cociente.

1. $3,600 \div 4 =$ __900__

Piensa: 3,600 es igual a 36 centenas.

Usa la operación básica $36 \div 4 = 9$.

Entonces, 36 centenas $\div$ 4 = 9 centenas ó 900.

2. $240 \div 6 =$ _____   **3.** $5,400 \div 9 =$ _____   **4.** $300 \div 5 =$ _____

5. $4,800 \div 6 =$ _____   **6.** $420 \div 7 =$ _____   **7.** $150 \div 3 =$ _____

8. $6,300 \div 7 =$ _____   **9.** $1,200 \div 4 =$ _____   **10.** $360 \div 6 =$ _____

Halla el cociente.

11. $28 \div 4 =$ _____   **12.** $18 \div 3 =$ _____   **13.** $45 \div 9 =$ _____

     $280 \div 4 =$ _____ $180 \div 3 =$ _____ $450 \div 9 =$ _____

     $2,800 \div 4 =$ _____ $1,800 \div 3 =$ _____ $4,500 \div 9 =$ _____

Resolución de problemas En el mundo

14. En una asamblea, 180 estudiantes se sientan en 9 hileras iguales. ¿Cuántos estudiantes se sientan en cada hilera?

15. Hilary puede leer 560 palabras en 7 minutos. ¿Cuántas palabras puede leer Hilary en 1 minuto?

_____

_____

16. Una empresa produce 7,200 galones de agua embotellada por día. La empresa coloca 8 botellas de un galón en cada caja. ¿Cuántas cajas se necesitan para guardar todas las botellas de un galón que se producen en un día?

17. Un avión voló 2,400 millas en 4 horas. Si el avión voló la misma cantidad de millas cada hora, ¿cuántas millas voló en 1 hora?

_____

_____

Revisión de la lección (4.NBT.6)

1. Un jugador de béisbol golpea una pelota que sale 360 pies fuera del campo de juego. La pelota tarda 4 segundos en recorrer esta distancia. ¿Cuántos pies recorre la pelota en 1 segundo?

2. Sebastián recorre en su bicicleta 2,000 metros en 5 minutos. ¿Cuántos metros recorre en su bicicleta en 1 minuto?

Repaso en espiral (4.OA.2, 4.OA.3, 4.NBT.5, 4.NBT.6)

3. Un recipiente lleno contiene 64 onzas fluidas de jugo. ¿Cuántas raciones de 7 onzas fluidas de jugo hay en un recipiente lleno?

4. Paolo paga $244 por 5 calculadoras idénticas. ¿Cuál es la mejor estimación de la cantidad que paga Paolo por una calculadora?

5. Un equipo de fútbol americano pagó $28 por cada camiseta. Compraron 16 camisetas. ¿Cuánto dinero gastó el equipo en camisetas?

6. Suzanne compró 50 manzanas en un huerto. Compró 4 veces más manzanas rojas que manzanas verdes. ¿Cuántas más manzanas rojas que manzanas verdes compró Suzanne?

Nombre _____

Estimar cocientes usando números compatibles

ESTÁNDAR COMÚN—4.NBT.6
Use place value understandings and properties of operations to perform multi-digit arithmetic.

Usa números compatibles para estimar el cociente.

1. 389 ÷ 4

$$400 \div 4 = 100$$

2. 358 ÷ 3

_____

3. 784 ÷ 8

_____

4. 179 ÷ 9

_____

5. 315 ÷ 8

_____

6. 2,116 ÷ 7

_____

7. 4,156 ÷ 7

_____

8. 474 ÷ 9

_____

Usa números compatibles para hallar dos estimaciones entre las que se encuentre el cociente.

9. 1,624 ÷ 3

_____

10. 2,593 ÷ 6

_____

11. 1,045 ÷ 2

_____

12. 1,754 ÷ 9

_____

13. 2,363 ÷ 8

_____

14. 1,649 ÷ 5

_____

15. 5,535 ÷ 7

_____

16. 3,640 ÷ 6

_____

Resolución de problemas En el mundo

17. Una tienda de CD vendió 3,467 CD en 7 días. Se vendió alrededor de la misma cantidad de CD por día. ¿Alrededor de cuántos CD vendió la tienda cada día?

_____

18. Marcos tiene 731 libros. Coloca alrededor de la misma cantidad de libros en cada uno de los 9 estantes de un librero. ¿Alrededor de cuántos libros hay en cada estante?

_____

Revisión de la lección (4.NBT.6)

1. Jamal está plantando semillas para un vivero. Planta 9 semillas en cada recipiente. Si Jamal tiene 296 semillas para plantar, ¿alrededor de cuántos recipientes usará?

_____

_____

2. Winona compró un juego de cuentas antiguas. El juego contiene 2,140 cuentas. Si usa las cuentas para armar pulseras de 7 cuentas cada una, ¿alrededor de cuántas pulseras podrá armar?

_____

_____

Repaso en espiral (4.NBT.1, 4.NBT.3, 4.NBT.5, 4.NBT.6)

3. Un tren recorrió 360 millas en 6 horas. ¿Cuántas millas recorrió el tren por hora?

_____

4. En un huerto hay 12 hileras de perales. En cada hilera hay 15 perales. ¿Cuántos perales hay en el huerto?

_____

5. Megan redondeó 366,458 en 370,000. ¿A qué lugar redondeó el número Megan?

_____

6. El Sr. Jessup, un piloto de avión, vuela 1,350 millas por día. ¿Cuántas millas volará en 8 días?

_____

Nombre _____

La división y la propiedad distributiva

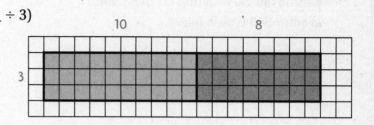

ESTÁNDAR COMÚN—4.NBT.6
Use place value understanding and properties of operations to perform multi-digit arithmetic.

Halla el cociente.

1. $54 \div 3 = ($ __30__ $\div 3) + ($ __24__ $\div 3)$

= __10__ + __8__

= __18__

2. $81 \div 3 =$ _____

3. $232 \div 4 =$ _____

4. $305 \div 5 =$ _____

5. $246 \div 6 =$ _____

6. $69 \div 3 =$ _____

7. $477 \div 9 =$ _____

8. $224 \div 7 =$ _____

9. $72 \div 4 =$ _____

10. $315 \div 3 =$ _____

Resolución de problemas

11. Cecily recolectó 219 manzanas. Repartió las manzanas en partes iguales en 3 canastas. ¿Cuántas manzanas hay en cada canasta?

_____

12. Jordan tiene 260 tarjetas de básquetbol. Las reparte en 4 grupos iguales. ¿Cuántas tarjetas hay en cada grupo?

_____

13. La familia Wilson recorrió en carro 324 millas en 6 horas. Si recorrieron la misma cantidad de millas cada hora, ¿cuántas millas recorrieron en 1 hora?

_____

14. Phil tiene 189 estampillas para colocar en su álbum de estampillas. Coloca la misma cantidad de estampillas en cada una de las 9 páginas. ¿Cuántas estampillas coloca Phil en cada página?

_____

Revisión de la lección (4.NBT.6)

1. Una empresa de paisajismo plantó 176 árboles en 8 hileras iguales en un parque nuevo. ¿Cuántos árboles plantó la empresa en cada hilera?

2. Arnold puede hacer 65 flexiones en 5 minutos. ¿Cuántas flexiones puede hacer en 1 minuto?

Repaso en espiral (4.OA.3, 4.NBT.5, 4.NBT.6)

3. El sábado pasado, hubo 1,486 personas en el complejo de cines Cineplex. Hubo alrededor de la misma cantidad de personas en cada una de las 6 salas de cine. ¿Entre qué dos números está la cantidad de personas que hubo en cada sala de cine?

4. La semana pasada, Nancy caminó 50 minutos por día durante 4 días. Gillian caminó 35 minutos por día durante 6 días. ¿Qué relación hay entre la cantidad total de minutos que caminó Gillian y la cantidad total de minutos que caminó Nancy?

5. Tres niños se repartieron 28 carros de juguete en partes iguales. ¿Cuántos carros recibió cada niño y cuántos sobraron?

6. Un avión vuela a una velocidad de 474 millas por hora. ¿Cuántas millas recorre el avión en 5 horas?

Nombre _____

Dividir usando la resta repetida

ESTÁNDAR COMÚN—4.NBT.6
Use place value understanding and properties of operations to perform multi-digit arithmetic.

Usa la resta repetida para dividir.

1. $42 \div 3 =$ __14__

2. $72 \div 4 =$ _____

3. $93 \div 3 =$ _____

$$
\begin{array}{r}
3\overline{)42} \\
-30 \quad \leftarrow 10 \times 3 \\
\hline
12 \\
-12 \quad \leftarrow 4 \times 3 \\
\hline
0
\end{array}
\qquad
\begin{array}{r}
10 \\
+4 \\
\hline
14
\end{array}
$$

4. $35 \div 4$ _____

5. $93 \div 10$ _____

6. $86 \div 9$ _____

Dibuja una recta numérica para dividir.

7. $70 \div 5 =$ _____

Resolución de problemas

8. Gretchen tiene 48 conchas pequeñas. Usa 2 conchas para armar un par de aretes. ¿Cuántos pares de aretes puede armar?

9. James quiere comprar un telescopio que cuesta $54. Si ahorra $3 por semana, ¿en cuántas semanas habrá ahorrado suficiente para comprar el telescopio?

_____

_____

Revisión de la lección (4.NBT.6)

1. Randall colecciona las tarjetas postales que le envían sus amigos cuando viajan. Puede colocar 6 tarjetas en una página de un álbum de recortes. ¿Cuántas páginas necesita Randall para colocar 42 tarjetas postales?

_____

2. Ari coloca los productos en los estantes de una tienda de comestibles. Coloca 35 latas de jugo en cada estante. El estante tiene 4 hileras iguales y otra hilera con solo 3 latas. ¿Cuántas latas hay en cada una de las hileras iguales?

_____

Repaso en espiral (4.OA.3, 4.NBT.1, 4.NBT.5, 4.NBT.6)

3. Fiona ordenó sus CD en estuches separados. Colocó 4 CD en cada estuche. Si tiene 160 CD, ¿cuántos estuches llenó?

_____

4. Eamon dispone 39 libros en 3 estantes. Si coloca la misma cantidad de libros en cada estante, ¿cuántos libros habrá en cada estante?

_____

5. Una boa constrictor recién nacida mide 18 pulgadas de longitud. Una boa constrictor adulta mide 9 veces la longitud de una boa constrictor recién nacida más 2 pulgadas. ¿Cuánto mide la boa adulta?

_____

6. Madison tiene 6 rollos de monedas. En cada rollo hay 20 monedas. ¿Cuántas monedas tiene Madison en total?

_____

Nombre _____

Dividir usando cocientes parciales

ESTÁNDAR COMÚN—4.NBT.6
*Use place value understanding and properties
of operations to perform multi-digit
arithmetic.*

Divide. Usa cocientes parciales.

1. 8)‾1‾8‾4‾

$$-80 \quad 10 \times 8 \quad 10$$
$$\overline{104}$$
$$-80 \quad 10 \times 8 \quad 10$$
$$\overline{24}$$
$$-24 \quad 3 \times 8 \quad +3$$
$$\overline{0} \qquad\qquad\quad 23$$

2. 6)‾2‾5‾8‾

3. 5)‾6‾3‾0‾

Divide. Usa modelos rectangulares para anotar los cocientes parciales.

4. $246 \div 3 =$ _____

5. $126 \div 2 =$ _____

6. $605 \div 5 =$ _____

Divide. Usa cualquiera de las maneras para anotar los cocientes parciales.

7. $492 \div 3 =$ _____

8. $224 \div 7 =$ _____

9. $692 \div 4 =$ _____

Resolución de problemas

10. Allison tomó 112 fotografías en sus vacaciones. Quiere colocarlas en un álbum de fotografías en el que caben 4 fotografías en cada página. ¿Cuántas páginas puede completar?

_____

11. Héctor ahorró $726 en 6 meses. Ahorró la misma cantidad todos los meses. ¿Cuánto ahorró Héctor por mes?

_____

1. Annaka usó cocientes parciales para dividir 145 ÷ 5. ¿Qué cocientes parciales puede haber usado Annaka?

_____

_____

2. Mel usó cocientes parciales para hallar el cociente de 378 ÷ 3. ¿Cuáles podrían ser los cocientes parciales que halló Mel?

_____

_____

Repaso en espiral (4.NBT.5, 4.NBT.6)

3. ¿Cuáles son los productos parciales de 42 × 5?

_____

4. El Sr. Watson compra 4 galones de pintura a $34 el galón. ¿Cuánto gasta en pintura el Sr. Watson?

_____

5. Usa el modelo de área para hallar el producto de 28 × 32.

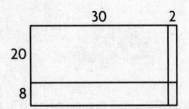

_____

6. Un león macho adulto come alrededor de 108 libras de carne por semana. ¿Alrededor de cuánta carne come un león macho adulto por día?

_____

Nombre _____

Representar la división usando la reagrupación

ESTÁNDAR COMÚN—4.NBT.6
Use place value understanding and properties of operations to perform multi-digit arithmetic.

Divide. Usa bloques de base diez.

1. 63 ÷ 4 ___**15 r3**___

2. 83 ÷ 3 _____

Divide. Haz dibujos rápidos. Anota los pasos.

3. 85 ÷ 5 _____

4. 97 ÷ 4 _____

Resolución de problemas · En el mundo

5. Tamara vendió 92 bebidas frías durante su turno de 2 horas en un puesto de comidas de un festival. Si vendió la misma cantidad de bebidas cada hora, ¿cuántas bebidas frías vendió por hora?

_____

6. Donald ganó $42 en 3 días haciendo mandados. Ganó la misma cantidad todos los días. ¿Cuánto dinero ganó Donald por día haciendo mandados?

_____

Revisión de la lección (4.NBT.6)

1. Gail compró 80 botones para colocar en las camisas que confecciona. Usa 5 botones en cada camisa. ¿Cuántas camisas puede confeccionar Gail con los botones que compró?

_____

2. Marty contó la cantidad de veces que respiró en 3 minutos. Durante ese tiempo, respiró 51 veces. Respiró la misma cantidad de veces cada minuto. ¿Cuántas veces respiró Marty en un minuto?

_____

Repaso en espiral (4.NBT.4, 4.NBT.5, 4.NBT.6)

3. Kate está resolviendo rompecabezas. Resolvió 6 rompecabezas en 72 minutos. ¿Cuánto tiempo tardó en resolver cada rompecabezas?

_____

4. Jenny trabaja en una tienda de reparto de paquetes. Coloca las etiquetas de envío en los paquetes. Se necesitan 5 etiquetas para cada paquete. ¿Cuántas etiquetas usará Jenny para enviar 105 paquetes?

_____

5. Una empresa de rompecabezas empaca rompecabezas de tamaño estándar en cajas en las que caben 8 rompecabezas. ¿Cuántas cajas se necesitarían para empacar 192 rompecabezas de tamaño estándar?

_____

6. El monte Whitney, en California, mide 14,494 pies de altura. El monte McKinley, en Alaska, mide 5,826 pies más que el monte Whitney. ¿Cuánto mide el monte McKinley?

_____

Nombre _____

Ubicar el primer dígito

ESTÁNDAR COMÚN—4.NBT.6
*Use place value understanding and properties
of operations to perform multi-digit
arithmetic.*

Divide.

1.
$$\begin{array}{r} 62 \\ 3\overline{)186} \\ -18\downarrow \\ \hline 06 \\ -6 \\ \hline 0 \end{array}$$

2. $4\overline{)298}$

3. $3\overline{)461}$

4. $9\overline{)315}$

5. $2\overline{)766}$

6. $4\overline{)604}$

7. $6\overline{)796}$

8. $5\overline{)449}$

9. $6\overline{)756}$

10. $7\overline{)521}$

11. $5\overline{)675}$

12. $8\overline{)933}$

Resolución de problemas En el mundo

13. En la feria de ciencias hay 132 proyectos. Si en una hilera caben 8 proyectos, ¿cuántas hileras de proyectos completas se pueden formar? ¿Cuántos proyectos hay en la hilera que no está completa?

14. En seis botellas de jugo de manzana de 10 onzas hay 798 calorías. ¿Cuántas calorías hay en una botella de jugo de manzana de 10 onzas?

1. Para dividir 572 ÷ 4, Stanley estimó el lugar del primer dígito del cociente. ¿En qué lugar está el primer dígito del cociente?

_____

2. Onetta recorrió en bicicleta 325 millas en 5 días. Si recorrió la misma cantidad de millas todos los días, ¿cuánto recorrió por día?

_____

Repaso en espiral (4.NBT.5, 4.NBT.6)

3. Mort arma collares de cuentas que luego vende a $32 cada uno. ¿Alrededor de cuánto dinero ganará Mort si vende 36 collares en la feria de arte local?

_____

_____

4. Estima el producto de 54 × 68.

_____

_____

5. La Sra. Eisner paga $888 por pasar 6 noches en un hotel. ¿Cuánto paga la Sra. Eisner por noche?

_____

6. ¿Qué problema de división se muestra en el modelo?

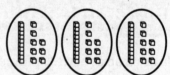

_____

Nombre _____

Dividir entre números de 1 dígito

ESTÁNDAR COMÚN—4.NBT.6
Use place value understanding and properties of operations to perform multi-digit arithmetic.

Divide y comprueba.

1.
```
    318
  2)636
   −6↓
    03
   −2↓
     16
   −16
      0
```
```
   318
 ×   2
   636
```

2. 4)631

3. 8)906

4. 6)6,739

5. 4)2,328

6. 5)7,549

Resolución de problemas

Usa la tabla para resolver los problemas 7 y 8.

7. La familia Brigg alquiló un carro por 5 semanas. ¿Cuánto costó alquilar el carro por semana?

_____

8. La familia Lester alquiló un carro por 4 semanas. La familia Santos alquiló un carro por 2 semanas. ¿A qué familia le costó menos el alquiler por semana? **Explícalo.**

| Costo del alquiler de carros ||
Familia	Costo total
Lester	$632
Brigg	$985
Santos	$328

_____

_____

Revisión de la lección (4.NBT.6)

1. Escribe una expresión que se pueda usar para comprobar el cociente de 646 ÷ 3.

2. Hay 8 voluntarios para una maratón solidaria en televisión. El objetivo del evento es recaudar $952. Si cada voluntario recauda la misma cantidad de dinero, ¿cuál es la cantidad de dinero mínima que cada uno debe recaudar para lograr el objetivo?

Repaso en espiral (4.OA.3, 4.NBT.5, 4.NBT.6)

3. ¿Qué producto se muestra en el modelo?

4. Se encargaron 26 cajas de CD para la sala de computación de una escuela secundaria. En cada caja había 50 CD. ¿Cuántos CD se encargaron para la sala de computación?

5. Escribe un problema de división que tenga un cociente cuyo primer dígito se encuentre en el lugar de las centenas.

6. Sharon tiene 64 onzas fluidas de jugo. Va a usar el jugo para llenar tantos vasos de 6 onzas como sea posible. Beberá el jugo que sobre. ¿Cuánto jugo beberá Sharon?

Resolución de problemas • Problemas de división de varios pasos

ESTÁNDAR COMÚN—4.OA.3
Use the four operations with whole numbers to solve problems.

Resuelve. Haz un diagrama como ayuda.

1. Hay 3 bandejas de huevos. En cada bandeja hay 30 huevos. ¿Cuántas personas se pueden servir si cada una come 2 huevos?

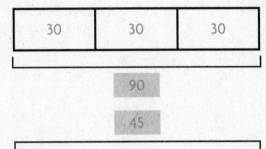

Multiplico para hallar la cantidad total de huevos.

Piensa: ¿Qué debo hallar? ¿Cómo puedo hacer un diagrama como ayuda?

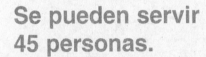

Divido para hallar cuántas personas se pueden servir 2 huevos.

Se pueden servir 45 personas.
_____

2. Hay 8 lápices en una caja. ¿Cuántas cajas se necesitarán para 28 niños si cada uno recibe 4 lápices?

_____

3. Hay 3 cajones de mandarinas. En cada cajón hay 93 mandarinas. Las mandarinas se van a dividir en partes iguales entre 9 salones de clases. ¿Cuántas mandarinas recibirá cada salón de clases?

_____

4. Misty tiene 84 fotografías de sus vacaciones y 48 fotografías de una excursión escolar. Quiere poner todas las fotografías en un álbum en el que caben 4 fotografías en cada página. ¿Cuántas páginas necesita?

_____

Revisión de la lección (4.OA.3, 4.NBT.6)

1. Gavin compra 89 pensamientos azules y 86 pensamientos amarillos. Plantará las flores en 5 hileras con la misma cantidad de plantas en cada una. Dibuja una gráfica de barras como ayuda para hallar cuántas plantas habrá en cada hilera.

2. Una tienda de mascotas recibe 7 cajas de alimento para gatos. En cada caja hay 48 latas. La tienda quiere almacenar las latas en pilas iguales de 8 latas. Dibuja una gráfica de barras como ayuda para hallar cuántas pilas se pueden formar.

Repaso en espiral (4.OA.3, NBT.5, NBT.6)

3. ¿Qué producto se muestra en el modelo?

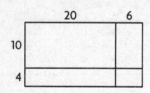

4. El Sr. Hatch compró 4 boletos de avión de ida y vuelta a $417 cada uno. También pagó $50 por cargos de equipaje. ¿Cuánto gastó el Sr. Hatch?

_____

5. Mae leyó 976 páginas en 8 semanas. Leyó la misma cantidad de páginas cada semana. ¿Cuántas páginas leyó cada semana?

6. Yolanda y sus 3 hermanos se repartieron una caja con 156 dinosaurios de juguete. ¿Alrededor de cuántos dinosaurios recibió cada niño?

_____

_____

_____

Capítulo 5

Carta para la casa

Querida familia:

Durante las próximas semanas, en la clase de matemáticas trabajaremos con factores, múltiplos y patrones. Aprenderemos a hallar factores y múltiplos, y a trabajar con patrones de números.

Este es un ejemplo de cómo se le enseñará al estudiante.

Vocabulario

divisible Un número es divisible entre otro número si el cociente es un número positivo y el residuo es cero.

factor común Un número que es factor de dos o más números.

múltiplo común Un número que es múltiplo de dos o más números.

número compuesto Un número entero mayor que 1 que tiene más de dos factores.

número primo Un número que tiene exactamente dos factores: 1 y él mismo.

🔒 MODELO Halla pares de factores.

Usa la división para hallar todos los pares de factores para 36.
Las reglas de divisibilidad te pueden ayudar.

Pistas

Divisibilidad

Un número entero es divisible entre otro número entero si el cociente es un número entero y el residuo es 0.

Factores de 36		Reglas de divisibilidad
$36 \div 1 = 36$	1, 36	Todos los números enteros son divisibles entre 1.
$36 \div 2 = 18$	2, 18	El número es par. Es divisible entre 2.
$36 \div 3 = 12$	3, 12	La suma de los dígitos es divisible entre 3.
$36 \div 6 = 6$	6, 6	El número es par y divisible entre 3.
$36 \div 9 = 4$	9, 4	La suma de los dígitos es divisible entre 9.

Actividad

Pida a su hijo o hija que use las reglas de divisibilidad para hallar todos los pares de factores para estos números:
18, 48, 39, 63.

Chapter 5 · School-Home Letter

© Houghton Mifflin Harcourt Publishing Company

Vocabulary

divisible A number is divisible by another number if the quotient is a counting number and the remainder is zero.

common factor A number that is a factor of two or more numbers.

common multiple A number that is a multiple of two or more numbers.

composite number A whole number greater than 1 that has more than two factors.

prime number A number that has exactly two factors: 1 and itself.

Dear Family,

Throughout the next few weeks, our math class will be working with factors, multiples, and patterns. The students will study and learn to find factors and multiples and work with number patterns.

Here is a sample of how your child will be taught.

MODEL Find Factor Pairs

Use division to find all the factor pairs for 36. Divisibility rules can help.

Factors of 36	
$36 \div 1 = 36$	1, 36
$36 \div 2 = 18$	2, 18
$36 \div 3 = 12$	3, 12
$36 \div 6 = 6$	6, 6
$36 \div 9 = 4$	9, 4

Divisibility Rules
Every whole number is divisible by 1.
The number is even. It's divisible by 2.
The sum of the digits is divisible by 3.
The number is even, and divisible by 3.
The sum of the digits is divisible by 9.

Tips

Divisibility
A whole number is divisible by another whole number when the quotient is a whole number and the remainder is 0.

Activity

Using the divisibility rules, have your child find all the factor pairs for these numbers:
18, 48, 39, 63

Nombre _____

Representar factores

ESTÁNDAR COMÚN—4.OA.4
Gain familiarity with factors and multiples.

Usa fichas cuadradas para hallar todos los factores del producto.
Registra las matrices en papel cuadriculado y escribe los factores que se
muestran.

1. 15

$$1 \times 15 = 15$$
$$3 \times 5 = 15$$
1, 3, 5, 15

2. 30

_____

_____

3. 45

_____

_____

4. 19

_____

_____

5. 40

_____

_____

_____

6. 36

_____

_____

_____

7. 22

_____

_____

_____

8. 4

_____

_____

_____

9. 26

_____

_____

10. 49

_____

_____

11. 32

_____

_____

12. 23

_____

_____

Resolución de problemas · En el mundo

13. Para el espectáculo de talentos de su clase,
Brooke debe acomodar 70 sillas en hileras
iguales, pero solo hay lugar para armar como
máximo 20 hileras. ¿Cuál es el número de hileras
posible que Brooke podría armar?

_____

14. Eduardo está pensando en un número entre
1 y 20 que tiene exactamente 5 factores.
¿En qué número está pensando?

_____

Revisión de la lección (4.OA.4)

1. Escribe todos los factores de 24.

_____

_____

2. Natalia tiene 48 fichas. Escribe un par de factores para el número 48.

_____

_____

Repaso en espiral (4.OA.1, 4.NBT.5, 4.NBT.6)

3. La huerta de calabazas está abierta todos los días. Si vende 2,750 libras de calabaza por día, ¿alrededor de cuántas libras vende en 7 días?

_____

_____

_____

4. ¿Cuál es el residuo del problema de división que se representa a continuación?

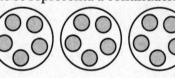

_____

5. Usa una ecuación de multiplicación para representar el modelo que se muestra debajo.

_____

_____

6. Channing corre 10 millas por semana. ¿Cuántas millas correrá en 52 semanas?

_____

_____

Nombre _____

Los factores y la divisibilidad

ESTÁNDAR COMÚN—4.OA.4
Gain familiarity with factors and multiples.

¿Es 6 un factor del número? Escribe *sí* o *no*.

1. 36

Piensa: $6 \times 6 = 36$

SÍ _____

2. 56

_____

3. 42

_____

4. 66

_____

¿Es 5 un factor del número? Escribe *sí* o *no*.

5. 38

_____

6. 45

_____

7. 60

_____

8. 39

_____

Escribe todos los pares de factores en la tabla.

9.

Factores de 12	
_____ × _____ = _____	_____ , _____
_____ × _____ = _____	_____ , _____
_____ × _____ = _____	_____ , _____

10.

Factores de 25	
_____ × _____ = _____	_____ , _____
_____ × _____ = _____	_____ , _____

11. Escribe todos los pares de factores de 48. Haz una tabla como ayuda.

_____

_____

Resolución de problemas · En el mundo

12. Bryson compra una bolsa con 64 figuras de dinosaurios de plástico. ¿Podría repartirlas equitativamente en seis recipientes sin que sobre ninguna? **Explícalo.**

13. Lori quiere repartir equitativamente 35 duraznos en canastas. Puede usar más de 1 canasta pero menos de 10. ¿Cuántas canastas necesita Lori?

_____

_____

Revisión de la lección (4.OA.4)

1. Escribe tres números mayores de 20 que tengan 9 como factor.

_____

_____

2. ¿Qué dígito(s) puede(n) estar en el lugar de las unidades de un número que tenga 5 como factor?

_____

_____

Repaso en espiral (4.NBT.4, 4.NBT.5)

3. Escribe una expresión que se pueda usar para hallar 4×275 usando el cálculo mental y las propiedades matemáticas.

_____

_____

4. Jack descompuso 5×216 como $(5 \times 200) + (5 \times 16)$ para multiplicar mentalmente. ¿Qué estrategia usó Jack?

_____

_____

5. Jordan tiene $55. Gana $67 por hacer tareas en el hogar. ¿Cuánto dinero tiene Jordan ahora?

_____

6. Tina tiene 72 estampillas de colección. Pega 43 de esas estampillas en un álbum. ¿Cuántas estampillas quedan?

_____

Nombre _____

Resolución de problemas • Factores comunes

ESTÁNDAR COMÚN—4.OA.4
Gain familiarity with factors and multiples.

Resuelve los problemas.

1. Grace prepara bolsitas de sorpresas para la fiesta de apertura de su tienda. Tiene 24 velas, 16 bolígrafos y 40 estatuillas. En cada bolsita habrá igual número de objetos, y todos los objetos de cada bolsita serán del mismo tipo. ¿Cuántos objetos puede poner Grace en cada bolsita?

Halla los factores comunes de 24, 16 y 40.

1, 2, 4 u 8 objetos

2. Simón va a hacer coronas de flores para vender. Tiene 60 lazos, 36 rosas de seda y 48 claveles de seda. Quiere poner igual número de adornos en cada corona. Todos los adornos de una corona serán del mismo tipo. ¿Cuántos adornos puede poner Simón en cada corona?

_____

3. Justin tiene 20 lápices, 25 gomas de borrar y 40 clips. Los organiza en grupos con igual número de objetos en cada uno. Todos los objetos de un grupo serán del mismo tipo. ¿Cuántos objetos puede poner en cada grupo?

_____

4. Un banco de alimentos tiene 50 latas de verduras, 30 panes y 100 botellas de agua. Los voluntarios colocarán los alimentos en cajas. Cada caja tendrá igual número de artículos de alimentos, y todos los alimentos de la caja serán del mismo tipo. ¿Cuántos artículos pueden colocar en cada caja?

_____

5. En una competencia de debates, hay participantes de tres escuelas diferentes: 15 de la Escuela Primaria James, 18 de la Escuela George Washington y 12 de la Academia MLK Jr. Todos los equipos deben tener igual número de estudiantes. Cada equipo solo puede tener estudiantes de la misma escuela. ¿Cuántos estudiantes puede haber en cada equipo?

_____

Revisión de la lección

1. ¿Cuáles son todos los factores comunes de 24, 64 y 88?

2. ¿Cuáles son todos los factores comunes de 15, 45 y 90?

Repaso en espiral (4.NBT.5, 4.NBT.6)

3. Cada semana, Daniel deposita $11 de su mesada en su cuenta de ahorros. ¿Cuánto dinero tendrá luego de 15 semanas?

4. James está leyendo un libro que tiene 1,400 páginas. Leerá igual número de páginas cada día. Si lee todo el libro en 7 días, ¿cuántas páginas leerá por día?

5. Emma trabajó 6 semanas como voluntaria en un refugio para animales durante un total de 119 horas. Estima la cantidad de horas que trabajó como voluntaria cada semana.

6. Escribe una expresión que se pueda usar para multiplicar 6×198 mentalmente.

Nombre _____

Los factores y los múltiplos

ESTÁNDAR COMÚN—4.OA.4
Gain familiarity with factors and multiples.

¿El número es múltiplo de 8? Escribe *sí* **o** *no*.

1. 4

Piensa: Puesto que
4 × 2 = 8, 4 es *factor*
de 8, no múltiplo de 8.

no
_____

2. 8

_____

3. 20

_____

4. 40

_____

Escribe los nueve múltiplos que siguen de cada número.
Halla los múltiplos comunes.

5. Múltiplos de 4: 4, _____

Múltiplos de 7: 7, _____

Múltiplos comunes: _____

6. Múltiplos de 3: 3, _____

Múltiplos de 9: 9, _____

Múltiplos comunes: _____

7. Múltiplos de 6: 6, _____

Múltiplos de 8: 8, _____

Múltiplos comunes: _____

Indica si 24 es factor o múltiplo del número.
Escribe *factor, múltiplo* **o** *ninguno*.

8. 6 _____

9. 36 _____

10. 48 _____

Resolución de problemas

11. Ken pagó $12 por dos revistas. El precio de cada revista era un múltiplo de $3. ¿Cuáles son los precios posibles de las revistas?

_____

12. Josefina compró unas camisas a $6 cada una. Marge compró unas camisas a $8 cada una. Las niñas gastaron la misma cantidad de dinero en camisas. ¿Cuál es la menor cantidad que pueden haber gastado?

_____

Revisión de la lección (4.OA.4)

1. ¿Cuáles de los siguientes números NO son múltiplos de 4?

   2, 4, 7, 8, 12, 15, 19, 24, 34

2. ¿Qué número es un múltiplo común de 5 y 9?

_____

Repaso en espiral (4.OA.3, 4.NBT.2, 4.NBT.4, 4.NBT.5)

3. Jenny tiene 50 fichas cuadradas. Dispone las fichas en una matriz rectangular de 4 hileras. ¿Cuántas fichas sobrarán?

4. Jerome sumó dos números. El total era 83. Uno de los números era 45. ¿Cuál era el otro número?

_____

5. En el auditorio hay 18 hileras de sillas. En cada hilera hay 24 sillas. ¿Cuántas sillas hay en total en el auditorio?

6. La población de Riverdale es 6,735 habitantes. ¿Cuál es el valor de 7 en el número 6,735?

_____

Números primos y compuestos

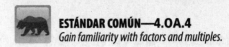

ESTÁNDAR COMÚN—4.OA.4
Gain familiarity with factors and multiples.

Indica si el número es *primo* o *compuesto*.

1. 47

Piensa: ¿47 tiene otros factores
además de 1 y de sí mismo?

primo
_____

2. 68

_____

3. 52

_____

4. 63

_____

5. 75

_____

6. 31

_____

7. 77

_____

8. 59

_____

9. 87

_____

10. 72

_____

11. 49

_____

12. 73

_____

Resolución de problemas

13. Kai escribió el número 85 en el pizarrón. ¿85 es
un número primo o compuesto? **Explícalo.**

_____

_____

_____

_____

14. Lisa dice que 43 es un número impar de
2 dígitos que es compuesto. ¿Tiene razón?
Explícalo.

_____

_____

_____

_____

Revisión de la lección (4.OA.4)

1. ¿El número 5 es primo, compuesto, o ninguno de los dos?

2. ¿El número 1 es primo, compuesto, o ninguno de los dos?

_____

_____

Repaso en espiral (4.OA.3, 4.NBT.2, 4.NBT.3, 4.NBT.6)

3. Una receta para un plato vegetariano contiene un total de 924 calorías. Se sirve el plato a 6 personas. ¿Cuántas calorías se sirve cada uno?

4. Un empleado de una tienda debe guardar 45 camisas en cajas. En cada caja entran 6 camisas. ¿Cuál es la menor cantidad de cajas que el empleado necesitará para guardar todas las camisas?

_____

_____

5. Un total de 152,909 personas visitaron un parque nacional durante el fin de semana. ¿Cómo es ese número redondeado a la centena de millar más cercana?

6. ¿Cómo se escribe en palabras el número 602,107?

_____

_____

_____

_____

Patrones numéricos

ESTÁNDAR COMÚN—4.OA.5
Generate and analyze patterns.

Usa la regla para escribir los primeros doce números del patrón.
Describe otro patrón que halles en los números.

1. Regla: *Suma 8.*   Primer término: 5

Piensa: Suma 8.

```
5        13        21        29        37
```

5, 13, 21, 29, 37, 45, 53, 61, 69, 77, 85, 93

Todos los términos son números impares.

2. Regla: *Resta 7.*   Primer término: 95

_____

_____

3. Regla: *Suma 15, resta 10.*   Primer término: 4

_____

_____

4. Regla: *Suma 1, multiplica por 2.*   Primer término: 2

_____

_____

Resolución de problemas

5. Barb está armando un collar de cuentas. Pasa por el hilo 1 cuenta blanca, luego 3 cuentas azules, luego 1 cuenta blanca, y así sucesivamente. Escribe los números de las primeras ocho cuentas que son blancas. ¿Cuál es la regla del patrón?

_____

_____

6. Un artista dispone azulejos en hileras para decorar una pared. Cada hilera tiene 2 azulejos menos que la hilera de abajo. Si la primera hilera tiene 23 azulejos, ¿cuántos azulejos tendrá la séptima hilera?

_____

_____

Revisión de la lección (4.OA.5)

1. La regla de un patrón es *suma* 6. El primer término es 5. Escribe los primeros cinco términos del patrón.

_____

2. ¿Cuáles son los dos términos que siguen en el patrón 3, 6, 5, 10, 9, 18, 17, . . .?

_____

Repaso en espiral (4.OA.4, 4.NBT.4, 4.NBT.5)

3. Para ganar un juego, Roger debe marcar 2,000 puntos. Hasta el momento, tiene 837 puntos. ¿Cuántos puntos más debe marcar Roger?

_____

4. Sue quiere usar el cálculo mental para hallar 7×53. Escribe una expresión que pueda usar.

_____

_____

5. Pat hizo una lista de todos los números que tienen 15 como múltiplo. Escribe los números de la lista de Pat.

_____

6. Completa la siguiente oración con el término correcto.

14 es un_____ de 7 y 14.

_____

Capítulo 6

Carta para la casa

© Houghton Mifflin Harcourt Publishing Company

Vocabulario

denominador La parte de la fracción debajo de la barra, que indica cuántas partes iguales hay en el entero o en un grupo.

fracciones equivalentes Dos o más fracciones que representan la misma cantidad.

mínima expresión Una fracción en la que 1 es el único número que se puede dividir en partes iguales el numerador y el denominador.

numerador La parte de una fracción por encima de la barra, que indica cuántas partes se están contando.

Querida familia:

Durante las próximas semanas, en la clase de matemáticas aprenderemos más sobre las fracciones. Aprenderemos a comparar y ordenar fracciones y a hallar fracciones equivalentes.

El estudiante llevará a casa tareas para practicar las fracciones.

Este es un ejemplo de cómo se le enseñará a comparar fracciones que tienen el mismo numerador.

🔑 MODELO Compara fracciones con el mismo numerador.

Esta es una manera en la que compararemos fracciones que tienen el mismo numerador.

PASO 1

Compara $\frac{4}{10}$ y $\frac{4}{6}$.

Observa los numeradores.

Ambos numeradores son 4.

Los numeradores son iguales.

PASO 2

Como los numeradores son iguales, observa los denominadores, 10 y 6.

Cuanto mayor sea la cantidad de partes en las que se divide un entero, más pequeñas serán las partes. Los décimos son partes más pequeñas que los sextos.

Entonces, $\frac{4}{10}$ es una fracción menor del entero que $\frac{4}{6}$.

$\frac{4}{10}$ es menor que $\frac{4}{6}$. $\frac{4}{10} < \frac{4}{6}$

Pistas

Identificar menos partes

Cuanto menor sea la cantidad de partes en las que se divide un entero, más grandes serán las partes. Por ejemplo, si un entero se divide en 6 partes iguales, las partes serán más grandes que las partes del mismo entero si este se divide en 10 partes iguales. Entonces, $\frac{4}{6}$ es mayor que ($>$) $\frac{4}{10}$.

Actividad

Ayude a su niño a comparar fracciones jugando con tarjetas de fracciones. En varias tarjetas, escriba pares de fracciones con el mismo numerador y dibuje un círculo entre las fracciones. Túrnense para dibujar cada tarjeta y decir qué debe ir en el círculo: *mayor que* ($>$) o *menor que* ($<$).

School-Home Letter

Vocabulary

common denominator A common multiple of the denominators of two or more fractions.

denominator The part of the fraction below the line, which tells how many equal parts there are in the whole or in a group.

equivalent fractions Two or more fractions that name the same amount.

numerator The part of a fraction above the line, which tells how many parts are being counted.

simplest form A fraction in which 1 is the only number that can divide evenly into the numerator and the denominator.

Dear Family,

During the next few weeks, our math class will be learning more about fractions. We will learn how to compare fractions, order fractions, and find equivalent fractions.

You can expect to see homework that provides practice with fractions.

Here is a sample of how your child will be taught to compare fractions that have the same numerator.

MODEL Compare Fractions with the Same Numerator

This is one way we will be comparing fractions that have the same numerator.

STEP 1

Compare $\frac{4}{10}$ and $\frac{4}{6}$.

Look at the numerators.

Each numerator is 4.

The numerators are the same.

STEP 2

Since the numerators are the same, look at the denominators, 10 and 6.

The more pieces a whole is divided into, the smaller the pieces are. Tenths are smaller pieces than sixths.

So, $\frac{4}{10}$ is a smaller fraction of the whole than $\frac{4}{6}$.

$\frac{4}{10}$ is less than $\frac{4}{6}$. $\frac{4}{10} < \frac{4}{6}$

Tips

Identifying Fewer Pieces

The fewer pieces a whole is divided into, the larger the pieces are. For example, when a whole is divided into 6 equal pieces, the pieces are larger than when the same size whole is divided into 10 equal pieces. So, $\frac{4}{6}$ is greater than $(>)$ $\frac{4}{10}$.

Activity

Play a card game to help your child practice comparing fractions. On several cards, write a pair of fractions with the same numerator and draw a circle between the fractions. Players take turns drawing a card and telling whether *greater than* ($>$) or *less than* ($<$) belongs in the circle.

Nombre _____

Fracciones equivalentes

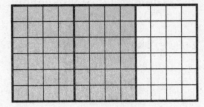

ESTÁNDAR COMÚN—4.NF.1
Extend understanding of fraction equivalence and ordering.

Usa el modelo para escribir una fracción equivalente.

1.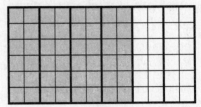

$$\frac{4}{6}$$ = $$\frac{2}{3}$$

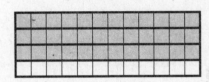

2.

$$\frac{3}{4}$$ =   _____

Indica si las fracciones son equivalentes. Escribe = ó ≠.

3. $\frac{8}{10} \bigcirc \frac{4}{5}$ **4.** $\frac{1}{2} \bigcirc \frac{7}{12}$ **5.** $\frac{3}{4} \bigcirc \frac{8}{12}$ **6.** $\frac{2}{3} \bigcirc \frac{4}{6}$

7. $\frac{5}{8} \bigcirc \frac{4}{10}$ **8.** $\frac{2}{6} \bigcirc \frac{4}{12}$ **9.** $\frac{20}{100} \bigcirc \frac{1}{5}$ **10.** $\frac{5}{8} \bigcirc \frac{9}{10}$

Resolución de problemas En el mundo

11. Jamal hizo $\frac{5}{6}$ de su tarea. Margaret hizo $\frac{3}{4}$ de su tarea y Steve hizo $\frac{10}{12}$ de la suya. ¿Qué dos estudiantes hicieron la misma cantidad de tarea?

_____

12. El huerto de Sofía está dividido en 12 secciones iguales. Sofía plantó zanahorias en 8 de las secciones. Escribe dos fracciones que sean equivalentes a la parte del huerto de Sofía en la que se plantaron zanahorias.

_____

Revisión de la lección (4.NF.1)

1. Un rectángulo está dividido en 8 partes iguales. Dos partes están sombreadas. ¿Qué fracción es equivalente al área sombreada del rectángulo?

2. Jeff usa 3 tiras de un quinto para representar $\frac{3}{5}$. Quiere usar tiras de un décimo para representar una fracción equivalente. ¿Cuántas tiras de un décimo necesitará?

Repaso en espiral (4.OA.3, 4.OA.4, 4.NBT.5, 4.NBT.6)

3. Cassidy coloca 40 estampillas en cada una de las 8 páginas de un álbum. ¿Cuántas estampillas coloca en total?

4. María y 3 amigos tienen 1,200 tarjetas de fútbol. Si comparten las tarjetas de fútbol en partes iguales, ¿cuántas recibirá cada uno?

5. Seis grupos de estudiantes venden 162 globos en la feria escolar. Hay 3 estudiantes en cada grupo. Si cada estudiante vende la misma cantidad de globos, ¿cuántos globos vende cada estudiante?

6. Cuatro estudiantes hicieron una lista de números primos cada uno:
   Eric: 5, 7, 17, 23
   Maya: 3, 5, 13, 17
   Bella: 2, 3, 17, 19
   Jordan: 7, 11, 13, 21
   ¿Quién cometió un error e incluyó un número compuesto?

Nombre _____

Generar fracciones equivalentes

ESTÁNDAR COMÚN—4.NF.1
Extend understanding of fraction equivalence and ordering.

Escribe dos fracciones equivalentes para cada fracción.

1. $\frac{1}{3}$ **2.** $\frac{2}{3}$ **3.** $\frac{1}{2}$ **4.** $\frac{4}{5}$

$\frac{1 \times 2}{3 \times 2} = \frac{2}{6}$

$\frac{1 \times 4}{3 \times 4} = \frac{4}{12}$ _____   _____   _____

Indica si las fracciones son equivalentes.
Escribe = ó ≠.

5. $\frac{1}{4} \bigcirc \frac{3}{12}$ **6.** $\frac{4}{5} \bigcirc \frac{5}{10}$ **7.** $\frac{3}{8} \bigcirc \frac{2}{6}$ **8.** $\frac{3}{4} \bigcirc \frac{6}{8}$

9. $\frac{5}{6} \bigcirc \frac{10}{12}$ **10.** $\frac{6}{12} \bigcirc \frac{5}{8}$ **11.** $\frac{2}{5} \bigcirc \frac{4}{10}$ **12.** $\frac{2}{4} \bigcirc \frac{3}{12}$

Resolución de problemas En el mundo

13. Jan tiene un batido de 12 onzas. Cuatro onzas del batido son de vainilla y el resto es de chocolate. ¿Qué dos fracciones equivalentes representan la fracción del batido que es de vainilla?

14. Kareem vive a $\frac{4}{10}$ de milla del centro comercial. Escribe dos fracciones equivalentes que indiquen a qué fracción de milla vive Kareem del centro comercial.

_____   _____

Revisión de la lección (4.NF.1)

1. Jessie coloreó un cartel. Coloreó de rojo $\frac{2}{5}$ del cartel. ¿Qué fracción es equivalente a $\frac{2}{5}$?

_____

_____

2. Marcos prepara un refresco de frutas que tiene $\frac{1}{4}$ de jugo de arándanos. ¿Qué fracciones son equivalentes a $\frac{1}{4}$?

_____

_____

Repaso en espiral (4.OA.3, 4.OA.5, 4.NBT.5)

3. Una tienda de artículos electrónicos vende un televisor grande de pantalla plana por $1,699. El mes anterior, la tienda había vendido 8 de estos televisores. ¿Aproximadamente cuánto dinero ganó la tienda por la venta de los televisores?

_____

_____

4. Matthew tiene 18 conjuntos de tarjetas de béisbol. Cada conjunto tiene 12 tarjetas. ¿Aproximadamente cuántas tarjetas de béisbol tiene Matthew en total?

_____

_____

5. Diana tenía 41 adhesivos. Los repartió en 7 grupos iguales. Puso la mayor cantidad posible en cada grupo. Le dio los adhesivos sobrantes a su hermana. ¿Cuántos adhesivos le dio Diana a su hermana?

_____

6. Christopher escribió el siguiente patrón numérico. El primer término es 8.

8, 6, 9, 7, 10, …

¿Cuál es la regla del patrón?

_____

Mínima expresión

ESTÁNDAR COMÚN—4.NF.1
Extend understanding of fraction equivalence
and ordering.

Escribe la fracción en su mínima expresión.

1. $\dfrac{6}{10}$
2. $\dfrac{6}{8}$
3. $\dfrac{5}{5}$
4. $\dfrac{8}{12}$

$$\dfrac{6}{10} = \dfrac{6 \div 2}{10 \div 2} = \dfrac{3}{5}$$

_____   _____   _____

5. $\dfrac{100}{100}$
6. $\dfrac{2}{6}$
7. $\dfrac{2}{8}$
8. $\dfrac{4}{10}$

_____   _____   _____   _____

Indica si las fracciones son equivalentes.
Escribe = ó ≠.

9. $\dfrac{6}{12} \bigcirc \dfrac{1}{12}$
10. $\dfrac{3}{4} \bigcirc \dfrac{5}{6}$
11. $\dfrac{6}{10} \bigcirc \dfrac{3}{5}$
12. $\dfrac{3}{12} \bigcirc \dfrac{1}{3}$

13. $\dfrac{6}{10} \bigcirc \dfrac{60}{100}$
14. $\dfrac{11}{12} \bigcirc \dfrac{9}{10}$
15. $\dfrac{2}{5} \bigcirc \dfrac{8}{20}$
16. $\dfrac{4}{8} \bigcirc \dfrac{1}{2}$

Resolución de problemas

17. En el hospital Memorial, 9 de los 12 bebés nacidos el martes fueron niños. ¿Qué fracción en su mínima expresión de los bebés nacidos el martes fueron niños?

18. Cristina usa una regla para medir la longitud de su libro de matemáticas. Dice que el libro mide $\dfrac{4}{10}$ de metro de longitud. ¿Está la medida en su mínima expresión? Si no lo está, ¿cuál es la longitud del libro en su mínima expresión?

_____   _____

Revisión de la lección (4.NF.1)

1. Seis de los 12 miembros del coro de la escuela son niños. ¿Qué fracción del coro, en su mínima expresión, representan los niños?

2. Escribe $\frac{10}{12}$ en su mínima expresión.

_____

Repaso en espiral (4.OA.3, 4.OA.4, 4.NBT.5, 4.NF.1)

3. Cada uno de los 23 estudiantes de la clase de la maestra Evans recaudó $45 para la escuela vendiendo libros de cupones. ¿Cuánto dinero recaudó la clase en total?

4. Escribe dos factores comunes de 36 y 48.

_____

5. Bart usa $\frac{3}{12}$ de taza de leche para preparar panecillos. ¿Qué fracción es equivalente a $\frac{3}{12}$?

6. Ashley compró 4 paquetes de cajas de jugo. En cada paquete hay 6 cajas de jugo. Le dio 2 cajas de jugo a cada uno de sus 3 amigos. ¿Cuántas cajas de jugo le quedan a Ashley?

_____

Nombre _____

Denominadores comunes

ESTÁNDAR COMÚN—4.NF.1
Extend understanding of fraction equivalence and ordering.

Escribe cada par de fracciones como un par de fracciones con denominador común.

1. $\frac{2}{3}$ y $\frac{3}{4}$

Piensa: Halla un múltiplo común.

3: 3, 6, 9, ⑫ 15

4: 4, 8, ⑫ 16, 20

$$\frac{8}{12}, \frac{9}{12}$$

2. $\frac{1}{4}$ y $\frac{2}{3}$

3. $\frac{3}{10}$ y $\frac{1}{2}$

4. $\frac{3}{5}$ y $\frac{3}{4}$

5. $\frac{2}{4}$ y $\frac{7}{8}$

6. $\frac{2}{3}$ y $\frac{5}{12}$

7. $\frac{1}{4}$ y $\frac{1}{6}$

Indica si las fracciones son equivalentes. Escribe $=$ ó $\neq$.

8. $\frac{1}{2} \bigcirc \frac{2}{5}$

9. $\frac{1}{2} \bigcirc \frac{3}{6}$

10. $\frac{3}{4} \bigcirc \frac{5}{6}$

11. $\frac{6}{10} \bigcirc \frac{3}{5}$

12. $\frac{6}{8} \bigcirc \frac{3}{4}$

13. $\frac{3}{4} \bigcirc \frac{2}{3}$

14. $\frac{2}{10} \bigcirc \frac{4}{5}$

15. $\frac{1}{4} \bigcirc \frac{3}{12}$

 Resolución de problemas *En el mundo*

16. Adam dibujó dos rectángulos del mismo tamaño y los dividió en la misma cantidad de partes iguales. Sombreó $\frac{1}{3}$ de un rectángulo y $\frac{1}{4}$ del otro rectángulo. ¿Cuál es la menor cantidad de partes en las que pudo haber dividido los rectángulos?

17. Mera pintó secciones iguales de la pared de su recámara para formar un patrón. Pintó $\frac{2}{5}$ de la pared de blanco y $\frac{1}{2}$ de color lavanda. Escribe una fracción equivalente para cada una usando un denominador común.

_____

Revisión de la lección (4.NF.1)

1. Escribe un denominador común de $\frac{1}{4}$ y $\frac{5}{6}$?

_____

_____

2. El denominador común de dos fracciones es 8. ¿Cuáles podrían ser las dos fracciones?

_____

_____

Repaso en espiral (4.NBT.2, 4.NBT.5, 4.NBT.6, 4.NF.1)

3. ¿Qué número es 100,000 más que setecientos dos mil ochenta y tres?

_____

4. Aiden horneó 8 docenas de panecillos. ¿Cuántos panecillos horneó en total?

_____

5. En un tablero de anuncios, la directora, la Sra. Gómez, colocó 115 fotografías de los estudiantes de cuarto grado de la escuela. Puso las fotografías en 5 hileras iguales. ¿Cuántas fotografías puso en cada hilera?

_____

6. Judy usa 12 fichas cuadradas para hacer un mosaico. Ocho de las fichas son azules. ¿Qué fracción en su mínima expresión representa las fichas que son azules?

_____

Nombre _____

Resolución de problemas • Hallar fracciones equivalentes

ESTÁNDAR COMÚN—4.NF.1
Extend understanding of fraction equivalence and ordering.

Resuelve los problemas.

1. Miranda se está haciendo una trenza en el cabello. Luego decorará la trenza con cuentas. Quiere que $\frac{1}{3}$ de las cuentas sean rojas. Si la mayor cantidad de cuentas que cabrán en la trenza es 12, ¿qué otras fracciones podrían representar la parte de las cuentas que serán rojas?

$\frac{2}{6}, \frac{3}{9}, \frac{4}{12}$

2. La maestra Groves tiene bandejas de pintura para sus estudiantes de la clase de arte. En cada bandeja hay 5 colores. Uno de los colores es morado. ¿Qué fracción de los colores de las 20 bandejas es morado?

_____

3. Miguel está armando una pista de obstáculos para el día al aire libre. Al final de cada sexto de la pista, hay un neumático. Al final de cada tercio de la pista, hay un cono. Al final de cada mitad de la pista, hay una valla. ¿En qué lugares de la pista se deberá superar más de un obstáculo?

_____

4. Preston trabaja en una panadería, poniendo panecillos en cajas. Hace la siguiente tabla para recordar cuántos panecillos de arándanos deben ir en cada caja.

Cantidad de panecillos de arándanos	2	4	8	
Cantidad total de panecillos	6	12	24	36

¿Cuántos panecillos de arándanos debe poner Preston en una caja de 36 panecillos?

_____

Revisión de la lección (4.NF.1)

1. Una tienda de libros usados cambia 2 de sus libros por 3 de los de sus clientes. Si Val lleva 18 libros para intercambiar, ¿cuántos libros podrá recibir de la tienda?

_____

2. Cada $\frac{1}{2}$ hora, Naomi estira el cuello; cada $\frac{1}{3}$ de hora, estira las piernas y cada $\frac{1}{6}$ de hora, estira los brazos. ¿Qué partes del cuerpo estirará Naomi cuando haya pasado $\frac{2}{3}$ de hora?

_____

Repaso en espiral (4.OA.4, 4.NBT.4, 4.NBT.6, 4.NF.1)

3. A comienzos de año, el carro de la familia Wong había recorrido 14,539 millas. Al finalizar el año, había recorrido 21,844 millas. ¿Cuántas millas recorrió la familia Wong en su carro durante ese año?

_____

4. La empresa de artículos varios Cachivaches fabricó 3,600 unidades en 4 horas. Se fabricó la misma cantidad de unidades cada hora. ¿Cuántas unidades fabricó la empresa en una hora?

_____

5. Tyler está pensando en un número que sea divisible entre 2 y entre 3. Escribe otro número entre el cual el número de Tyler también deba ser divisible.

_____

6. Jessica dibujó un círculo dividido en 8 partes iguales. Sombreó 6 de las partes. ¿Qué fracción es equivalente a la parte del círculo que está sombreada?

_____

Nombre _____

Comparar fracciones usando puntos de referencia

ESTÁNDAR COMÚN—4.NF.2
Extending understanding of fraction equivalence and ordering.

Compara. Escribe < ó >.

1. $\frac{1}{8}$ $<$ $\frac{6}{10}$

   Piensa: $\frac{1}{8}$ es menor que $\frac{1}{2}$.

   $\frac{6}{10}$ es mayor que $\frac{1}{2}$.

2. $\frac{4}{12}$ $\bigcirc$ $\frac{4}{6}$

3. $\frac{2}{8}$ $\bigcirc$ $\frac{1}{2}$

4. $\frac{3}{5}$ $\bigcirc$ $\frac{3}{3}$

5. $\frac{7}{8}$ $\bigcirc$ $\frac{5}{10}$

6. $\frac{9}{12}$ $\bigcirc$ $\frac{1}{3}$

7. $\frac{4}{6}$ $\bigcirc$ $\frac{7}{8}$

8. $\frac{2}{4}$ $\bigcirc$ $\frac{2}{3}$

9. $\frac{3}{5}$ $\bigcirc$ $\frac{1}{4}$

10. $\frac{6}{10}$ $\bigcirc$ $\frac{2}{5}$

11. $\frac{1}{8}$ $\bigcirc$ $\frac{2}{10}$

12. $\frac{2}{3}$ $\bigcirc$ $\frac{5}{12}$

13. $\frac{4}{5}$ $\bigcirc$ $\frac{5}{6}$

14. $\frac{3}{5}$ $\bigcirc$ $\frac{5}{8}$

15. $\frac{8}{8}$ $\bigcirc$ $\frac{3}{4}$

Resolución de problemas En el mundo

16. Érika corrió $\frac{3}{8}$ milla. María corrió $\frac{3}{4}$ milla. ¿Quién corrió más?

17. Carlos hizo $\frac{1}{3}$ de su proyecto de arte el lunes. Tyler hizo $\frac{1}{2}$ de su proyecto de arte el lunes.

    ¿Quién avanzó más en su proyecto de arte el lunes?

1. ¿Qué símbolo hace que el enunciado sea verdadero?

$$\frac{4}{6} \bigcirc \frac{3}{8}$$

2. Escribe una fracción menor que 1, que tenga un demoninador de 6 y sea mayor que $\frac{3}{4}$.

_____

Repaso en espiral (4.OA.3, 4.OA.4, 4.NBT.6)

3. Abigail está colocando fichas cuadradas sobre una mesa. Necesita 48 fichas para cada una de las 8 hileras. Cada hilera llevará 6 fichas blancas. El resto de las fichas serán moradas. ¿Cuántas fichas moradas necesitará?

_____

4. Cada autobús escolar puede llevar 36 estudiantes y 4 adultos a una excursión. Hay 6 autobuses completos para la excursión. ¿Cuántas personas van a la excursión?

_____

5. Noah quiere exhibir sus 72 banderas de colección. Pondrá 6 banderas en cada hilera. ¿Cuántas hileras de banderas habrá en su exhibición?

_____

6. Julián escribió el siguiente patrón numérico en el pizarrón:

3, 10, 17, 24, 31, 38.

¿Qué números del patrón de Julián son números compuestos?

_____

Nombre _____

Comparar fracciones

ESTÁNDAR COMÚN—4.NF.2
Extend understanding of fraction equivalence and ordering.

Compara. Escribe <, >, ó =.

1. $\dfrac{3}{4}$ $<$ $\dfrac{5}{6}$

Piensa: 12 es un denominador común.

$$\frac{3}{4} = \frac{3 \times 3}{4 \times 3} = \frac{9}{12}$$

$$\frac{5}{6} = \frac{5 \times 2}{6 \times 2} = \frac{10}{12}$$

$$\frac{9}{12} < \frac{10}{12}$$

2. $\dfrac{1}{5}$ $\bigcirc$ $\dfrac{2}{10}$

3. $\dfrac{2}{4}$ $\bigcirc$ $\dfrac{2}{5}$

4. $\dfrac{3}{5}$ $\bigcirc$ $\dfrac{7}{10}$

5. $\dfrac{4}{12}$ $\bigcirc$ $\dfrac{1}{6}$

6. $\dfrac{2}{6}$ $\bigcirc$ $\dfrac{1}{3}$

7. $\dfrac{1}{3}$ $\bigcirc$ $\dfrac{2}{4}$

8. $\dfrac{2}{5}$ $\bigcirc$ $\dfrac{1}{2}$

9. $\dfrac{4}{8}$ $\bigcirc$ $\dfrac{2}{4}$

10. $\dfrac{7}{12}$ $\bigcirc$ $\dfrac{2}{4}$

11. $\dfrac{1}{8}$ $\bigcirc$ $\dfrac{3}{4}$

Resolución de problemas En el mundo

12. En una receta se usan $\dfrac{2}{3}$ de taza de harina y $\dfrac{5}{8}$ de taza de arándanos. ¿En la receta se usa más harina o más arándanos?

13. Peggy hizo $\dfrac{5}{6}$ de la tarea de matemáticas y Alonso hizo $\dfrac{4}{5}$ de la tarea de matemáticas. ¿Cuál de los dos hizo una mayor cantidad de la tarea de matemáticas?

Revisión de la lección (4.NF.2)

1. Pedro llenó $\frac{2}{4}$ de un vaso con jugo de naranja. Escribe una fracción con demoninador de 6 que sea mayor que $\frac{2}{4}$?

_____

_____

2. En el día de hoy, Ian quiere correr menos de $\frac{7}{12}$ de milla. Escribe una fracción con denominador de 4 que represente una distancia menor que $\frac{7}{12}$ de milla?

_____

Repaso en espiral (4.OA.4, 4.NBT.1, 4.NBT.5, 4.NF.1)

3. Durante el año pasado, la Sra. Davis viajó 372,645 millas por motivos de negocios. ¿Cuál es el valor de 6 en 372,645?

_____

4. En un sector de un auditorio hay 12 hileras de butacas. En cada hilera hay 13 butacas. ¿Cuál es la cantidad total de butacas en ese sector?

_____

5. Sam tiene 12 fotografías en blanco y negro y 18 fotografías en color. Quiere ordenarlas en hileras iguales de modo que en cada hilera solo haya fotografías en blanco y negro o en color. ¿En cuántas hileras puede ordenar las fotografías Sam?

_____

6. El maestro escribe $\frac{10}{12}$ en el pizarrón. Escribe esa fracción en su mínima expresión.

_____

Nombre _____

Comparar y ordenar fracciones

ESTÁNDAR COMÚN—4.NF.2
Extend understanding of fraction equivalence and ordering.

Ordena las fracciones de menor a mayor.

1. $\dfrac{5}{8}, \dfrac{2}{12}, \dfrac{8}{10}$

Usa puntos de referencia y una recta numérica.

Piensa: $\dfrac{5}{8}$ está cerca de $\dfrac{1}{2}$. $\dfrac{2}{12}$ está cerca de 0.

$\dfrac{8}{10}$ está cerca de 1.

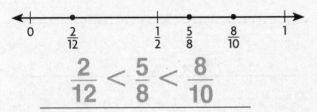

$$\dfrac{2}{12} < \dfrac{5}{8} < \dfrac{8}{10}$$

2. $\dfrac{1}{5}, \dfrac{2}{3}, \dfrac{5}{8}$

_____

3. $\dfrac{1}{2}, \dfrac{2}{5}, \dfrac{6}{10}$

_____

4. $\dfrac{4}{6}, \dfrac{7}{12}, \dfrac{5}{10}$

_____

5. $\dfrac{1}{4}, \dfrac{3}{6}, \dfrac{1}{8}$

_____

6. $\dfrac{1}{8}, \dfrac{3}{6}, \dfrac{7}{12}$

_____

7. $\dfrac{8}{100}, \dfrac{3}{5}, \dfrac{7}{10}$

_____

8. $\dfrac{3}{4}, \dfrac{7}{8}, \dfrac{1}{5}$

_____

Resolución de problemas

9. El cuaderno de matemáticas de Amy pesa $\dfrac{1}{2}$ libra, su cuaderno de ciencias pesa $\dfrac{7}{8}$ de libra y su cuaderno de historia pesa $\dfrac{3}{4}$ de libra. ¿Cómo se ordenan los pesos del más liviano al más pesado?

_____

_____

10. Carl tiene tres portarretratos. Los grosores de los marcos son $\dfrac{4}{5}$ de pulgada, $\dfrac{3}{12}$ de pulgada y $\dfrac{5}{6}$ de pulgada. ¿Cómo se ordenan los grosores de menor a mayor?

_____

_____

Revisión de la lección (4.NF.2)

1. Juan tardó $\frac{1}{3}$ de hora, $\frac{4}{6}$ de hora y $\frac{1}{5}$ de hora en completar las tres pruebas de matemáticas de esta semana. Ordena las cantidades de tiempo de menor a mayor.

_____

_____

2. Tres días de la semana pasada, María corrió $\frac{3}{4}$ de milla, $\frac{7}{8}$ de milla y $\frac{3}{5}$ de milla. ¿Cómo se ordenan estas distancias de menor a mayor?

_____

_____

Repaso en espiral (4.OA.4, 4.NBT.5, 4.NBT.6, 4.NF.1)

3. Santiago juntó 435 centavos en monedas de 5¢. ¿Cuántas monedas de 5¢ juntó?

_____

4. Lisa asiste a tres clases que duran 50 minutos cada una. ¿Cuántos minutos duran las tres clases en total?

_____

5. Alicia escribió estos números: 2, 9, 15, 21. ¿Cuál de esos números NO es un número compuesto?

_____

6. Escribe una fracción con denominador de 4 que sea equivalente a $\frac{6}{8}$.

_____

Carta para la casa

Vocabulario

denominador El número de una fracción que indica cuántas partes iguales hay en el entero o en el grupo.

fracción Un número que indica una parte de un entero o una parte de un grupo.

número mixto Un número representado por un número entero y una fracción.

numerador El número de una fracción que indica cuántas partes del entero o del grupo se están considerando.

fracción unitaria Una fracción que tiene 1 como numerador.

Querida familia:

Durante las próximas semanas, en la clase de matemáticas aprenderemos a sumar y restar fracciones y números mixtos. Primero, usaremos modelos para hallar las sumas o las diferencias. Luego, haremos ecuaciones que se ajusten a nuestros modelos. Por último, sumaremos y restaremos sin usar modelos.

El estudiante llevará a casa tareas para practicar la suma y la resta de fracciones con modelos y sin ellos.

Este es un ejemplo de cómo se le enseñará a sumar fracciones con tiras fraccionarias.

🔒 MODELO Suma fracciones con modelos.

Así sumaremos fracciones con tiras fraccionarias.

Representa $\frac{1}{6} + \frac{3}{6}$.

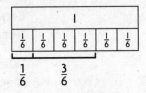

PASO 1

Cada sección representa 1 sexto. ¿Cuántos sextos hay en total?

4 sextos

PASO 2

Escribe el número de sextos como una fracción.

4 sextos $= \frac{4}{6}$

$\frac{1}{6} + \frac{3}{6} = \frac{4}{6}$

Pistas

Convertir en número mixto

Cuando el numerador es mayor que el denominador, puedes convertir la suma o la diferencia en un número mixto.

$$\frac{9}{8} = \frac{8}{8} + \frac{1}{8}$$
$$= 1 + \frac{1}{8}$$
$$= 1\frac{1}{8}$$

Actividad

Pida a su hijo/a que use tazas graduadas para practicar la suma y la resta de fracciones. Por ejemplo, para representar $\frac{1}{4} + \frac{3}{4}$, pida al niño que llene una taza graduada con arroz hasta la marca de $\frac{1}{4}$ y otra hasta la marca de $\frac{3}{4}$. Luego pídale que combine las cantidades para hallar la suma, $\frac{4}{4}$ ó 1 taza completa.

Chapter 7

School-Home Letter

Vocabulary

denominator The number in a fraction that tells how many equal parts are in the whole or in the group.

fraction A number that names a part of a whole or part of a group.

mixed number A number represented by a whole number and a fraction.

numerator The number in a fraction that tells how many parts of the whole or group are being considered.

unit fraction A fraction that has a numerator of 1.

Dear Family,

During the next few weeks, our math class will be learning how to add and subtract fractions and mixed numbers. First, we will use models to find the sums or the differences. Then we will record equations to match our models. Finally, we will add and subtract without using models.

You can expect to see homework that provides practice adding and subtracting fractions with and without models.

Here is a sample of how your child will be taught to add fractions using fraction strips.

MODEL Add Fractions Using Models

This is how we will be adding fractions using fraction strips.

Model $\frac{1}{6} + \frac{3}{6}$.

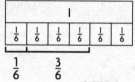

STEP 1

Each section represents 1 sixth. How many sixths are there in all?

4 sixths

STEP 2

Write the number of sixths as a fraction.

$$\text{sixths} = \frac{4}{6}$$

$$\frac{1}{6} + \frac{3}{6} = \frac{4}{6}$$

Tips

Renaming as a Mixed Number

When the numerator is greater than the denominator, you can rename the sum or the difference as a mixed number.

$$\frac{9}{8} = \frac{8}{8} + \frac{1}{8}$$
$$= 1 + \frac{1}{8}$$
$$= 1\frac{1}{8}$$

Activity

Have your child use measuring cups to practice addition and subtraction of fractions. For example, to model $\frac{1}{4} + \frac{3}{4}$, have your child use rice to fill one measuring cup to the $\frac{1}{4}$-cup mark and another measuring cup to the $\frac{3}{4}$-cup mark. Then ask him or her to combine the amounts to find the sum, $\frac{4}{4}$ or 1 whole cup.

Nombre _____

Sumar y restar partes de un entero

ESTÁNDAR COMÚN—4.NF.3a
Build fractions from unit fractions by applying and extending previous understandings of operations on whole numbers.

Usa el modelo para escribir una ecuación.

1.

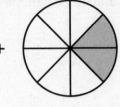

Piensa: $\frac{3}{8}$ + $\frac{2}{8}$ = $\frac{5}{8}$

$\frac{3}{8} + \frac{2}{8} = \frac{5}{8}$

2.

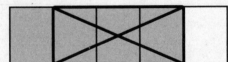

_____

3.

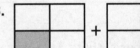

_____

Usa el modelo para resolver la ecuación.

4.

$\frac{2}{6} + \frac{3}{6} =$ _____

5.

$\frac{3}{5} - \frac{2}{5} =$ _____

Resolución de problemas En el mundo

6. Jack se comió $\frac{4}{8}$ de una pizza. Millie se comió $\frac{3}{8}$ de la misma pizza. ¿Qué cantidad de la pizza se comieron Jack y Millie?

_____

_____

7. Kate se comió $\frac{1}{4}$ de una naranja. Ben se comió $\frac{2}{4}$ de un plátano. ¿Se comieron Kate y Ben $\frac{3}{4}$ de las frutas? **Explica tu respuesta.**

_____

_____

_____

1. Una tarta entera está cortada en 8 trozos iguales. Se sirven tres trozos. ¿Cuánta tarta queda?

2. Una naranja está cortada en 6 trozos iguales. Judy come 1 trozo. Luego come 3 trozos más. ¿Qué cantidad de naranja comió Judy?

Repaso en espiral (4.OA.5, 4.NBT.5, 4.NF.1, 4.NF.2)

3. Ordena estas distancias de menor a mayor: $\frac{3}{16}$ de milla, $\frac{1}{8}$ de milla, $\frac{3}{4}$ de milla

4. Para ir a la escuela, Jeremy caminó $\frac{6}{8}$ del camino y corrió el resto. ¿Qué fracción, en su mínima expresión, muestra la parte del recorrido que Jeremy caminó?

5. Un elevador arranca en el piso 100 de un edificio. Desciende 4 pisos cada 10 segundos. ¿En qué piso se encontrará el elevador 60 segundos después de arrancar?

6. Para una obra de teatro escolar, el maestro pidió a la clase que ordenara las sillas en 20 hileras de 25 sillas cada una. Después de ordenar todas las sillas, faltaban 5 sillas. ¿Cuántas sillas ordenó la clase?

Nombre _____

Escribir fracciones como sumas

ESTÁNDAR COMÚN—4.NF.3b
Build fractions from unit fractions by applying and extending previous understandings of operations on whole numbers.

Escribe la fracción como una suma de fracciones unitarias.

1. $\frac{4}{5} = \dfrac{1}{5} + \dfrac{1}{5} + \dfrac{1}{5} + \dfrac{1}{5}$

   Piensa: Suma $\frac{1}{5}$ cuatro veces.

2. $\frac{3}{8} =$ _____

3. $\frac{6}{12} =$ _____

_____

4. $\frac{4}{4} =$ _____

Escribe la fracción como una suma de fracciones de tres maneras diferentes.

5. $\frac{7}{10}$

_____

_____

_____

6. $\frac{6}{6}$

_____

_____

_____

Resolución de problemas En el mundo

7. El maestro de Miguel le pide que coloree $\frac{4}{8}$ de una cuadrícula. Miguel debe usar 3 colores: rojo, azul y verde. Debe haber más secciones verdes que secciones rojas. ¿Cómo puede Miguel colorear las secciones de la cuadrícula para respetar todas las reglas?

_____

_____

_____

8. Petra debe colorear $\frac{6}{6}$ de una cuadrícula. Debe usar 3 colores: azul, rojo y rosado. Debe haber más secciones azules que secciones rojas o rosadas. ¿De qué maneras puede colorear Petra las secciones de la cuadrícula respetando todas las reglas?

_____

_____

_____

Revisión de la lección (4.NF.3b)

1. Jorge quiere escribir $\frac{4}{5}$ como una suma de fracciones unitarias. ¿Qué debe escribir?

2. ¿Qué fracción es equivalente a $\frac{4}{8} + \frac{2}{8} + \frac{1}{8}$?

Repaso en espiral (4.OA.3, 4.OA.4, 4.NBT.6, 4.NF.3a)

3. Una manzana está cortada en 6 trozos iguales. Nancy come 2 trozos. ¿Qué fracción de la manzana queda?

4. ¿Cuál de estos números es un número primo: 1, 11, 21, 51?

5. Una maestra tiene una bolsa con 100 cubos unitarios. Reparte la misma cantidad de cubos a los 7 grupos de su clase. A cada grupo le da la mayor cantidad posible de cubos. ¿Cuántos cubos unitarios quedan?

6. Jessie clasificó las monedas de su alcancía. Hizo 7 pilas de 6 monedas de 10¢ y 8 pilas de 5 monedas de 5¢. Luego halló 1 moneda de 10¢ y 1 de 5¢. ¿Cuántas monedas de 10¢ y de 5¢ tiene Jessie en total?

Nombre _____

Sumar fracciones usando modelos

ESTÁNDAR COMÚN—4.NF.3d
Build fractions from unit fractions by applying and extending previous understandings of operations on whole numbers.

Halla el total. Usa tiras fraccionarias como ayuda.

1. $\dfrac{2}{6} + \dfrac{1}{6} = $ _____ $\dfrac{3}{6}$

1

$\frac{1}{6}$	$\frac{1}{6}$	$\frac{1}{6}$

$\underbrace{\quad\quad}_{\frac{2}{6}}$ $\underbrace{\quad}_{\frac{1}{6}}$

2. $\dfrac{4}{10} + \dfrac{5}{10} = $ _____

3. $\dfrac{1}{3} + \dfrac{2}{3} = $ _____

4. $\dfrac{2}{4} + \dfrac{1}{4} = $ _____

5. $\dfrac{2}{12} + \dfrac{4}{12} = $ _____

6. $\dfrac{1}{6} + \dfrac{2}{6} = $ _____

7. $\dfrac{3}{12} + \dfrac{9}{12} = $ _____

8. $\dfrac{3}{8} + \dfrac{4}{8} = $ _____

9. $\dfrac{3}{4} + \dfrac{1}{4} = $ _____

10. $\dfrac{1}{5} + \dfrac{2}{5} = $ _____

Resolución de problemas

11. Lola camina $\frac{4}{10}$ de milla para ir a la casa de su amiga. Luego camina $\frac{5}{10}$ de milla hacia la tienda. ¿Cuánto camina en total?

_____

12. Evan come $\frac{1}{8}$ de una bandeja de lasaña y su hermano come $\frac{2}{8}$. ¿Qué fracción de la bandeja de lasaña comen en total?

_____

13. Jacqueline compra $\frac{2}{4}$ de yarda de cinta verde y $\frac{1}{4}$ de yarda de cinta rosada. ¿Cuántas yardas de cinta compra en total?

_____

14. Shu mezcla $\frac{2}{3}$ de libra de cacahuates y $\frac{1}{3}$ de libra de almendras. ¿Cuántas libras de frutos secos mezcla en total?

_____

Revisión de la lección (4.NF.3d)

1. A Mary Jane le quedan $\frac{3}{8}$ de una pizza mediana. A Héctor le quedan $\frac{2}{8}$ de otra pizza mediana. ¿Qué cantidad de pizza tienen entre los dos? Usa los modelos como ayuda.

2. Jeannie comió $\frac{1}{4}$ de una manzana. Kelly comió $\frac{2}{4}$ de la manzana. ¿Qué cantidad de manzana comieron en total? Usa los modelos como ayuda.

Repaso en espiral (4.NBT.5, 4.NBT.6, 4.NF.1)

3. Karen está preparando 14 tarjetas de felicitación diferentes. Prepara 12 de cada tipo. ¿Cuántas tarjetas de felicitación está preparando?

4. Jefferson tiene un trabajo de medio tiempo y gana $1,520 en cuatro semanas. ¿Cuánto dinero gana por semana?

5. Si se instalan enseres para baño y cocina eficaces, el estadounidense promedio puede reducir el consumo de agua diario a 45 galones. Si se usa este tipo de enseres, ¿alrededor de cuántos galones de agua usaría el estadounidense promedio en el mes de diciembre?

6. Collin prepara un tablero de anuncios y centro de notas. Usa piezas cuadradas de corcho y piezas cuadradas de pintarrón. Una de cada 3 piezas será de corcho. Si usa 12 piezas en total, ¿cuántas piezas serán de corcho?

Nombre _____

Restar fracciones usando modelos

ESTÁNDAR COMÚN—4.NF.3d
Build fractions from unit fractions by applying and extending previous understandings of operations on whole numbers.

Resta. Usa tiras fraccionarias como ayuda.

1. $\frac{4}{5} - \frac{1}{5} =$ $\dfrac{3}{5}$

1

$\frac{1}{5}$	$\frac{1}{5}$	$\frac{1}{5}$	$\frac{1}{5}$

2. $\frac{3}{4} - \frac{1}{4} =$ _____

1

$\frac{1}{4}$	$\frac{1}{4}$	$\frac{1}{4}$

$\frac{1}{4}$

$\frac{2}{4}$

3. $\frac{5}{6} - \frac{1}{6} =$ _____

4. $\frac{7}{8} - \frac{1}{8} =$ _____

5. $1 - \frac{2}{3} =$ _____

6. $\frac{8}{10} - \frac{2}{10} =$ _____

7. $\frac{3}{4} - \frac{1}{4} =$ _____

8. $\frac{7}{6} - \frac{5}{6} =$ _____

Resolución de problemas En el mundo

Usa la tabla para resolver los ejercicios 9 y 10.

9. Ema está preparando frutos secos surtidos. Compra los productos que se muestran en la tabla. ¿Cuántas libras más de *pretzels* que de pasas compra?

_____

10. ¿Cuántas libras más de cereal que de rodajas de plátano frito compra?

_____

Producto	Peso (en libras)
Pretzels	$\frac{7}{8}$
Cacahuates	$\frac{4}{8}$
Pasas	$\frac{2}{8}$
Rodajas de plátano frito	$\frac{3}{8}$
Cereal	$\frac{5}{8}$

Revisión de la lección (4.NF.3d)

1. Leonardo lee durante $\frac{3}{4}$ de hora por la mañana y $\frac{2}{4}$ de hora por la tarde. ¿Cuánto tiempo más lee por la mañana que por la tarde? Usa modelos como ayuda.

2. ¿Qué ecuación representa el siguiente modelo?

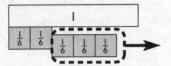

Repaso en espiral (4.NBT.5, 4.NF.2, 4.NF.3d)

3. En una ciudad cayeron 2 pulgadas de lluvia por día durante 3 días. Los meteorólogos dijeron que si hubiera caído nieve en vez de lluvia, cada pulgada de lluvia habría representado 10 pulgadas de nieve. ¿Cuánta nieve habría caído en esa ciudad durante esos 3 días?

4. En una fiesta, había cuatro emparedados grandes, y todos tenían el mismo tamaño. Durante la fiesta, se comió $\frac{2}{3}$ del emparedado de pollo, $\frac{3}{4}$ del emparedado de atún, $\frac{7}{12}$ del emparedado de carne asada y $\frac{5}{6}$ del emparedado de verduras. ¿De qué emparedado queda menos?

5. Deena usa $\frac{3}{8}$ de taza de leche y $\frac{2}{8}$ de taza de aceite para preparar una receta. ¿Qué cantidad de líquido usa en total?

6. En el estacionamiento, $\frac{4}{12}$ de los carros son blancos y $\frac{3}{12}$ son azules. ¿Qué fracción de los carros del estacionamiento son blancos o azules?

Nombre _____

Sumar y restar fracciones

ESTÁNDAR COMÚN—4.NF.3d
Build fractions from unit fractions by applying and extending previous understandings of operations on whole numbers.

Halla la suma o la diferencia.

1. $\frac{4}{12} + \frac{8}{12} =$ ___ $\frac{12}{12}$

$\frac{1}{12}$	$\frac{1}{12}$	$\frac{1}{12}$	$\frac{1}{12}$	$\frac{1}{12}$	$\frac{1}{12}$	$\frac{1}{12}$	$\frac{1}{12}$	$\frac{1}{12}$	$\frac{1}{12}$	$\frac{1}{12}$	$\frac{1}{12}$

$\frac{4}{12}$ $\frac{8}{12}$

2. $\frac{3}{6} - \frac{1}{6} =$ _____

$\frac{1}{6}$	$\frac{1}{6}$	$\frac{1}{6}$	$\frac{1}{6}$	$\frac{1}{6}$	$\frac{1}{6}$
$\frac{1}{6}$	$\frac{1}{6}$	$\frac{1}{6}$	$\frac{1}{6}$	$\frac{1}{6}$	$\frac{1}{6}$

$\frac{2}{6}$

3. $\frac{4}{5} - \frac{3}{5} =$ _____

4. $\frac{6}{10} + \frac{3}{10} =$ _____

5. $1 - \frac{3}{8} =$ _____

6. $\frac{1}{4} + \frac{2}{4} =$ _____

7. $\frac{9}{12} - \frac{5}{12} =$ _____

8. $\frac{5}{6} - \frac{2}{6} =$ _____

9. $\frac{2}{3} + \frac{1}{3} =$ _____

Resolución de problemas

Usa la tabla para resolver los ejercicios 10 y 11.

10. Guy averigua a qué distancia está su casa de varios otros lugares y hace la siguiente tabla. ¿Cuánto más lejos de la casa de Guy está la biblioteca que la cafetería?

_____

11. Si Guy camina desde su casa hasta la escuela y regresa, ¿cuánto camina?

_____

Distancia desde la casa de Guy	
Lugar	**Distancia (en millas)**
Biblioteca	$\frac{9}{10}$
Escuela	$\frac{5}{10}$
Tienda	$\frac{7}{10}$
Cafetería	$\frac{4}{10}$
Tienda de yogur	$\frac{6}{10}$

Revisión de la lección (4.NF.3d)

1. El Sr. Angulo compra $\frac{5}{8}$ de libra de uvas rojas y $\frac{3}{8}$ de libra de uvas verdes. ¿Cuántas libras de uvas compró el Sr. Angulo en total?

_____

2. ¿Qué ecuación representa el siguiente modelo?

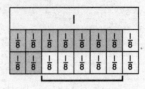

_____

Repaso en espiral (4.OA.3, 4.NBT.5, 4.NF.3d)

3. En un paquete hay 6 panecillos. ¿Cuántos paquetes se necesitan para alimentar a 48 personas si cada persona recibe 2 panecillos?

_____

4. El campamento Oaks recibe 32 cajas de jugo de naranja y 56 cajas de jugo de manzana. Cada estante de la despensa tiene capacidad para 8 cajas de jugo. ¿Cuál es la menor cantidad de estantes que se necesitan para ubicar todas las cajas de jugo?

_____

5. Una máquina produce 18 piezas por hora. Si la máquina funciona 24 horas por día, ¿cuántas piezas puede producir en un día?

6. ¿Qué ecuación representa el siguiente modelo?

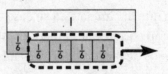

_____

Nombre _____

Convertir fracciones y números mixtos

ESTÁNDAR COMÚN—4.NF.3b
Build fractions from unit fractions by applying and extending previous understandings of operations on whole numbers.

Escribe el número mixto como una fracción.

1. $2\frac{3}{5}$

Piensa: Halla $\frac{5}{5} + \frac{5}{5} + \frac{3}{5}$.

$\underline{\quad \frac{13}{5} \quad}$

2. $4\frac{1}{3}$

_____

3. $1\frac{2}{5}$

_____

4. $3\frac{2}{3}$

_____

5. $4\frac{1}{8}$

_____

6. $1\frac{7}{10}$

_____

7. $5\frac{1}{2}$

_____

8. $2\frac{3}{8}$

_____

Escribe la fracción como un número mixto.

9. $\frac{31}{6}$

_____

10. $\frac{20}{10}$

_____

11. $\frac{15}{8}$

_____

12. $\frac{13}{6}$

_____

13. $\frac{23}{10}$

_____

14. $\frac{19}{5}$

_____

15. $\frac{11}{3}$

_____

16. $\frac{9}{2}$

_____

Resolución de problemas

17. Para preparar una receta se necesitan $2\frac{2}{4}$ tazas de pasas, pero Julie solo tiene una taza graduada de $\frac{1}{4}$ taza. ¿Cuántas tazas de $\frac{1}{4}$ necesita medir Julie para obtener $2\frac{2}{4}$ tazas de pasas?

_____

18. Si Julie necesita $3\frac{1}{4}$ tazas de harina de avena, ¿cuántas tazas de $\frac{1}{4}$ de harina de avena usará?

_____

Revisión de la lección (4.NF.3c)

1. Escribe un número mixto que sea equivalente a $\frac{16}{3}$.

2. Stacey llenó siete veces una taza graduada de $\frac{1}{2}$ taza para obtener la cantidad necesaria de harina para la receta de un pastel. ¿Cuánta harina se necesita para preparar el pastel?

Repaso en espiral (4.NBT.5, 4.NBT.6, 4.NF.1, 4.NF.3d)

3. Becki pegó algunas estampillas en su álbum. Puso 14 estampillas en cada página. Si completó 16 páginas enteras, ¿cuántas estampillas pegó en el álbum?

4. Brian maneja 324 millas para visitar a unos amigos. Quiere llegar en 6 horas. ¿Cuántas millas debe recorrer por hora?

5. Durante un desafío en bicicleta, los ciclistas deben recoger varias cintas de colores. Cada $\frac{1}{2}$ milla recogen una cinta roja, cada $\frac{1}{8}$ milla recogen una cinta verde y cada $\frac{1}{4}$ milla recogen una cinta azul. ¿Qué colores de cinta recogerán en la marca de $\frac{3}{4}$ milla?

6. Stephanie tenía $\frac{7}{8}$ de libra de alpiste. Llenó un comedero de aves con $\frac{3}{8}$ de libra. ¿Cuánto alpiste le queda?

Nombre _____

Sumar y restar números mixtos

ESTÁNDAR COMÚN—4.NF.3c
Build fractions from unit fractions by applying and extending previous understandings of operations on whole numbers.

Halla la suma. Escribe la suma como un número mixto con una parte fraccionaria menor que 1.

1. $6\frac{4}{5}$
$+3\frac{3}{5}$
$9\frac{7}{5} = 10\frac{2}{5}$

2. $4\frac{1}{2}$
$+2\frac{1}{2}$

3. $2\frac{2}{3}$
$+3\frac{2}{3}$

4. $6\frac{4}{5}$
$+7\frac{4}{5}$

5. $9\frac{3}{6}$
$+2\frac{2}{6}$

6. $8\frac{4}{12}$
$+3\frac{6}{12}$

7. $4\frac{3}{8}$
$+1\frac{5}{8}$

8. $9\frac{5}{10}$
$+6\frac{3}{10}$

Halla la diferencia.

9. $6\frac{7}{8}$
$-4\frac{3}{8}$

10. $4\frac{2}{3}$
$-3\frac{1}{3}$

11. $6\frac{4}{5}$
$-3\frac{3}{5}$

12. $7\frac{3}{4}$
$-2\frac{1}{4}$

Resolución de problemas En el mundo

13. James desea enviar dos regalos por correo. Un paquete pesa $2\frac{3}{4}$ libras. El otro paquete pesa $1\frac{3}{4}$ libras. ¿Cuánto pesan los paquetes en total?

14. Terry compró $4\frac{3}{8}$ yardas de cinta azul y $2\frac{1}{8}$ yardas de cinta amarilla para un proyecto de artesanías. ¿Cuánta más cinta azul que cinta amarilla compró?

_____

1. Brad tiene que unir dos trozos de tubería de cobre. Uno mide $2\frac{5}{12}$ pies y el otro mide $3\frac{7}{12}$ pies. ¿Cuántos pies de tubería tiene en total?

2. Para un patrón se necesitan $2\frac{1}{4}$ yardas de material y $1\frac{1}{4}$ yardas de forro. ¿Cuánta tela se necesita en total?

Repaso en espiral (4.OA.3, 4.NBT.4, 4.NBT.5, 4.NBT.6)

3. Shanice tiene 23 tarjetas de colección de jugadores de béisbol. Acordó venderlas a $16 cada una. ¿Cuánto dinero obtendrá por las tarjetas?

4. Nanci es voluntaria en un refugio para animales. Quiere pasar la misma cantidad de tiempo jugando con cada perro. Tiene 145 minutos para jugar con los 7 perros. ¿Alrededor de cuánto tiempo puede pasar con cada uno de ellos?

5. Frieda tiene 12 manzanas rojas y 15 verdes. Repartirá las manzanas en partes iguales entre 8 personas y se quedará con las manzanas restantes. ¿Con cuántas manzanas se quedará?

6. La familia Lynch compró una casa por $75,300. Unos años más tarde, la vendieron por $80,250. ¿Cuánto mayor fue el precio de venta que el precio de compra?

Nombre _____

Convertir para restar

ESTÁNDAR COMÚN—4.NF.3c
Build fractions from unit fractions by applying and extending previous understandings of operations on whole numbers.

Halla la diferencia.

1.
$$5\frac{1}{3} \longrightarrow 4\frac{4}{3}$$
$$-3\frac{2}{3} \longrightarrow 3\frac{2}{3}$$
$$1\frac{2}{3}$$

2.
$$6$$
$$-3\frac{2}{5}$$

3.
$$5\frac{1}{4}$$
$$-2\frac{3}{4}$$

4.
$$9\frac{3}{8}$$
$$-8\frac{7}{8}$$

5.
$$12\frac{3}{10}$$
$$-7\frac{7}{10}$$

6.
$$8\frac{1}{6}$$
$$-3\frac{5}{6}$$

7.
$$7\frac{3}{5}$$
$$-4\frac{4}{5}$$

8.
$$10\frac{1}{2}$$
$$-8\frac{1}{2}$$

9.
$$7\frac{1}{6}$$
$$-2\frac{5}{6}$$

10.
$$9\frac{3}{12}$$
$$-4\frac{7}{12}$$

11.
$$9\frac{1}{10}$$
$$-8\frac{7}{10}$$

12.
$$9\frac{1}{3}$$
$$-\frac{2}{3}$$

13.
$$3\frac{1}{4}$$
$$-1\frac{3}{4}$$

14.
$$4\frac{5}{8}$$
$$-1\frac{7}{8}$$

15.
$$5\frac{1}{12}$$
$$-3\frac{8}{12}$$

16.
$$7$$
$$-1\frac{3}{5}$$

Resolución de problemas

17. Alicia compra una bolsa de 5 libras de piedras para un acuario. Coloca $1\frac{1}{8}$ libras en una pequeña pecera. ¿Cuánto le queda?

18. Xavier preparó 25 libras de almendras asadas para una feria. Al final de la feria, le quedan $3\frac{1}{2}$ libras. ¿Cuántas libras de almendras asadas vendió en la feria?

Revisión de la lección (4.NF.3c)

1. Reggie está preparando un pastel de dos capas. Para preparar la primera capa necesita $2\frac{1}{4}$ tazas de azúcar. Para la segunda capa necesita $1\frac{1}{4}$ tazas de azúcar. Reggie tiene 5 tazas de azúcar. ¿Cuánta azúcar le quedará después de preparar las dos capas?

2. Kate tiene $4\frac{3}{8}$ yardas de tela y necesita $2\frac{7}{8}$ yardas para hacer una falda. ¿Cuánta tela le quedará después de terminarla?

Repaso en espiral (4.OA.4, 4.NBT.5, 4.NBT.6, 4.NF.3c)

3. Paulo tiene 128 cuentas de vidrio para decorar marcos. Quiere usar la misma cantidad de cuentas en cada marco. Si decora 8 marcos, ¿cuántas cuentas colocará en cada uno de ellos?

4. Madison está preparando bolsitas con sorpresas para su fiesta. Quiere hacer suficientes bolsitas para que todos los invitados reciban la misma cantidad. Sabe que habrá 6 u 8 invitados en la fiesta. ¿Cuál es la menor cantidad de bolsitas con sorpresas que debe preparar?

5. Un autobús de traslado hace 4 rondas de ida y vuelta por día entre dos centros comerciales. El autobús tiene capacidad para 24 personas. Si está lleno en cada viaje de un tramo, ¿cuántos pasajeros viajan por día?

6. Para preparar una ensalada de frutas, Marvin mezcla $1\frac{3}{4}$ tazas de duraznos en cubos con $2\frac{1}{4}$ tazas de peras en cubos. ¿Cuántas tazas de duraznos y de peras hay en la ensalada de frutas?

Las fracciones y las propiedades de la suma

ESTÁNDAR COMÚN—4.NF.3c
Build fractions from unit fractions by applying and extending previous understandings of operations on whole numbers.

Usa las propiedades y el cálculo mental para hallar la suma.

1. $5\frac{1}{3} + \left(2\frac{2}{3} + 1\frac{1}{3}\right)$

$5\dfrac{1}{3} + (4)$

$9\dfrac{1}{3}$
_____

2. $10\frac{1}{8} + \left(3\frac{5}{8} + 2\frac{7}{8}\right)$
_____

3. $8\frac{1}{5} + \left(3\frac{2}{5} + 5\frac{4}{5}\right)$
_____

4. $6\frac{3}{4} + \left(4\frac{2}{4} + 5\frac{1}{4}\right)$
_____

5. $\left(6\frac{3}{6} + 10\frac{4}{6}\right) + 9\frac{2}{6}$
_____

6. $\left(6\frac{2}{5} + 1\frac{4}{5}\right) + 3\frac{1}{5}$
_____

7. $7\frac{7}{8} + \left(3\frac{1}{8} + 1\frac{1}{8}\right)$
_____

8. $14\frac{1}{10} + \left(20\frac{2}{10} + 15\frac{7}{10}\right)$
_____

9. $\left(13\frac{2}{12} + 8\frac{7}{12}\right) + 9\frac{5}{12}$
_____

Resolución de problemas En el mundo

10. En el salón de clases de Nate, hay tres mesas de longitudes diferentes. Una mide $4\frac{1}{2}$ pies, otra mide 4 pies y la tercera mide $2\frac{1}{2}$ pies. ¿Cuál es la longitud total de las tres mesas si se las coloca en fila?

_____

11. El Sr. Warren usa $2\frac{1}{4}$ bolsas de mantillo para el jardín y otras $4\frac{1}{4}$ bolsas para el jardín delantero. También usa $\frac{3}{4}$ bolsa para poner alrededor de una fuente. ¿Cuántas bolsas de mantillo usa en total?

_____

1. Un carpintero cortó un trozo de madera en tres partes. Una parte mide $2\frac{5}{6}$ pies de longitud. La segunda mide $3\frac{1}{6}$ pies de longitud. La tercera mide $1\frac{5}{6}$ pies de longitud. ¿Cuánto medía el trozo de madera?

2. Harry trabaja en un huerto de manzanas. El lunes, recogió $45\frac{7}{8}$ libras de manzanas. El miércoles, recogió $42\frac{3}{8}$ libras de manzanas. El viernes, recogió $54\frac{1}{8}$ libras de manzanas. ¿Cuántas libras de manzanas recogió en esos tres días?

Repaso en espiral (4.OA.4, 4.NBT.5, 4.NBT.6, 4.NF.3c)

3. Había 6 naranjas en el refrigerador. Joey y sus amigos comieron $3\frac{2}{3}$ naranjas. ¿Cuántas naranjas quedaron?

4. Darlene debe identificar cuál de los siguientes números es un número primo:

$$2, 12, 21, 39$$

¿Qué número debe elegir?

5. Un maestro tiene que acomodar 100 sillas para una reunión en hileras iguales. Escribe una de las maneras en que podría acomodar las sillas. Anota la cantidad de hileras y de sillas por hilera.

6. Nic compró 28 sillas plegables a $16 cada una. ¿Cuánto dinero gastó?

Resolución de problemas • Problemas con fracciones de varios pasos

ESTÁNDAR COMÚN—4.NF.3d
Build fractions from unit fractions by applying and extending previous understandings of operations on whole numbers.

Lee los problemas y resuélvelos.

1. Todos los niños de la familia Smith recibieron una naranja cortada en 8 trozos iguales. Cada uno comió $\frac{5}{8}$ de la naranja. La Sra. Smith combinó los trozos que quedaban y descubrió que formaban exactamente 3 naranjas enteras. ¿Cuántos niños hay en la familia Smith?

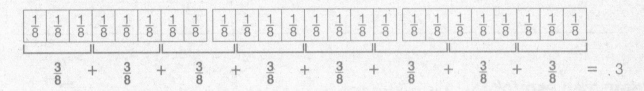

$$\frac{3}{8} \ + \ \frac{3}{8} \ + \ \frac{3}{8} \ + \ \frac{3}{8} \ + \ \frac{3}{8} \ + \ \frac{3}{8} \ + \ \frac{3}{8} \ + \ \frac{3}{8} \ = \ 3$$

Hay 8 sumandos, entonces, hay 8 niños en la familia Smith.

8 niños
_____

2. Val camina $2\frac{3}{5}$ millas por día. Bill corre 10 millas cada 4 días. En 4 días, ¿quién recorre la mayor distancia?

_____

3. Chad compra cacahuates en bolsas de 2 libras. Los empaqueta en bolsas de $\frac{5}{6}$ de libra. ¿Cuántas bolsas de cacahuates de 2 libras debe comprar para llenar las bolsas de $\frac{5}{6}$ de libra sin que sobre ningún cacahuate?

_____

4. Un carpintero tiene varios trozos de madera de la misma longitud. Corta $\frac{3}{5}$ de cada uno. Después de cortarlos, se da cuenta de que le quedan suficientes trozos para formar la misma longitud que 4 de los trozos originales. ¿Con cuántos trozos de madera comenzó el carpintero?

_____

Revisión de la lección (4.NF.3d)

1. Karyn corta un trozo de cinta en 4 partes iguales. Cada una mide $1\frac{1}{4}$ pies de longitud. ¿Cuánto medía la cinta?

2. Cada uno de varios amigos tenía $\frac{2}{5}$ de una bolsa de cacahuates que había sobrado de un partido de béisbol. Se dieron cuenta de que podrían haber comprado 2 bolsas menos de cacahuates entre todos. ¿Cuántos amigos fueron al partido?

Repaso en espiral (4.OA.5, 4.NF.1, 4.NF.3c, 4.NF.3d)

3. Una rana hizo tres saltos. El primero midió $12\frac{5}{6}$ pulgadas. El segundo midió $8\frac{3}{6}$ pulgadas. El tercero midió $15\frac{1}{6}$ pulgadas. ¿Qué distancia saltó la rana en total?

4. Daniela quiere escribir la fracción $\frac{4}{6}$ como una suma de fracciones unitarias. ¿Qué expresión debe escribir?

5. Greta creó un diseño con cuadrados. Coloreó de azul 8 de los 12 cuadrados. ¿Qué fracción de los cuadrados coloreó de azul?

6. El maestro da a los estudiantes el siguiente patrón: el primer término es 5 y la regla es *suma 4, resta 1*. Cada estudiante dice un número. El primero dice 5. Víctor es el décimo de la fila. ¿Qué número debe decir?

Carta para la casa

Vocabulario

fracción unitaria Una fracción que tiene 1 como numerador o número arriba de la barra.

múltiplo Un número que es el producto de un número dado y un número positivo.

número mixto Un número representado por un número entero y una fracción.

Querida familia:

Durante las próximas semanas, en la clase de matemáticas aprenderemos a multiplicar fracciones y números mixtos por números enteros. También aprenderemos a escribir fracciones como el producto de un número entero y una fracción unitaria y a hallar múltiplos de fracciones unitarias.

El estudiante llevará a casa tareas para practicar la multiplicación de fracciones y números enteros usando modelos y sin modelos.

Este es un ejemplo de cómo se le enseñará a usar una recta numérica para hallar los múltiplos de una fracción.

🔒 MODELO Usa una recta numérica para escribir múltiplos de fracciones.

Escribe $3 \times \frac{3}{4}$ como el producto de un número entero y una fracción unitaria.

PASO 1

Comienza en 0. Dibuja saltos para hallar los múltiplos de $\frac{3}{4}$: $\frac{3}{4}, \frac{6}{4}, \frac{9}{4}$.

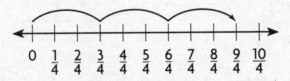

PASO 2

Escribe el múltiplo como el producto de un número entero y una fracción unitaria.

Por lo tanto, $3 \times \frac{3}{4} = \frac{9}{4} = 9 \times \frac{1}{4}$.

> **Pistas**
>
> **Convertir en un número mixto**
>
> Cuando el numerador es mayor que el denominador, la fracción se puede convertir en un número mixto.
>
> $$\frac{9}{4} = \frac{4}{4} + \frac{4}{4} + \frac{1}{4}$$
> $$= 2 + \frac{1}{4}$$
> $$= 2\frac{1}{4}$$

Actividad

Use situaciones cotidianas, como cocinar o medir, para ayudar a su niño a practicar la multiplicación con fracciones.

School-Home Letter

Vocabulary

unit fraction A fraction that has 1 as its top number or numerator.

multiple A number that is the product of a given number and a counting number.

mixed number A number represented by a whole number and a fraction.

Dear Family,

During the next few weeks, our math class will be learning how to multiply fractions and mixed numbers by whole numbers. We will learn to write a fraction as a product of a whole number and a unit fraction, and to find multiples of unit fractions.

You can expect to see homework that provides practice multiplying fractions and whole numbers with and without using models.

Here is a sample of how your child will be taught to use a number line to find multiples of a fraction.

🔑 MODEL Use a Number Line to Write Multiples of Fractions

Write $3 \times \frac{3}{4}$ as the product of a whole number and a unit fraction.

STEP 1

Start at 0. Draw jumps to find multiples of $\frac{3}{4}$: $\frac{3}{4}, \frac{6}{4}, \frac{9}{4}$.

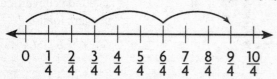

STEP 2

Write the multiple as a product of a whole number and a unit fraction.

So, $3 \times \frac{3}{4} = \frac{9}{4} = 9 \times \frac{1}{4}$.

Tips

Renaming as a Mixed Number

When the numerator is greater than the denominator, the fraction can be renamed as a mixed number.

$$\frac{9}{4} = \frac{4}{4} + \frac{4}{4} + \frac{1}{4}$$
$$= 2 + \frac{1}{4}$$
$$= 2\frac{1}{4}$$

Activity

Use everyday situations, such as cooking and measures to help your child practice fraction multiplication.

Nombre _____

Múltiplos de fracciones unitarias

ESTÁNDAR COMÚN—4.NF.4a
Build fractions from unit fractions by applying and extending previous understandings of operations on whole numbers.

Escribe la fracción como el producto de un número entero y una fracción unitaria.

1. $\frac{5}{6} =$ $\quad 5 \times \frac{1}{6}$

2. $\frac{7}{8} =$ _____

3. $\frac{5}{3} =$ _____

4. $\frac{9}{10} =$ _____

5. $\frac{3}{4} =$ _____

6. $\frac{11}{12} =$ _____

7. $\frac{4}{6} =$ _____

8. $\frac{8}{20} =$ _____

9. $\frac{13}{100} =$ _____

Escribe los cuatro siguientes múltiplos de la fracción unitaria.

10. $\frac{1}{5},$ ____, ____, ____, ____

11. $\frac{1}{8},$ ____, ____, ____, ____

Resolución de problemas

12. Hasta ahora, Mónica ha leído $\frac{5}{6}$ de un libro. Ha leído la misma cantidad de páginas cada día durante 5 días. ¿Qué fracción del libro lee Mónica cada día?

_____

13. Nicholas compra $\frac{3}{8}$ de libra de queso. Pone la misma cantidad de queso en 3 emparedados. ¿Qué cantidad de queso pone Nicholas en cada emparedado?

_____

Revisión de la lección (4.NF.4a)

1. Selena camina desde su casa hasta la escuela todas las mañanas y vuelve caminando todas las tardes. En total, camina $\frac{2}{3}$ de milla por día. ¿A qué distancia de la escuela vive Selena?

2. Will usa $\frac{3}{4}$ de taza de aceite de oliva para hacer 3 tandas de condimento para ensalada. ¿Qué cantidad de aceite usa Will para una tanda de condimento para ensalada?

Repaso en espiral (4.OA.4, 4.NF.1, 4.NF.3b, 4.NF.3d)

3. Liza compró $\frac{5}{8}$ de libra de frutos secos surtidos. Le da $\frac{2}{8}$ de libra a Michael. ¿Qué cantidad de **frutos** secos surtidos le queda a Liza?

4. Leigh tiene un pedazo de cuerda que mide $6\frac{2}{3}$ pies de longitud. ¿Cómo se escribe $6\frac{2}{3}$ como una fracción mayor que 1?

5. Un grupo de estudiantes tiene los siguientes números: 29, 39, 59 y 79. El número de la casa de Randy es un número compuesto. ¿Cuál es el número de la casa de Randy?

6. Mindy compra 12 magdalenas. Nueve de las magdalenas tienen glaseado de chocolate y el resto tienen glaseado de vainilla. ¿Qué fracción de las magdalenas tienen glaseado de vainilla?

Nombre _____

Múltiplos de fracciones

ESTÁNDAR COMÚN—4.NF.4b
Build fractions from unit fractions by applying
and extending previous understandings of
operations on whole numbers.

Escribe los cuatro siguientes múltiplos de la fracción.

1. $\frac{3}{5}$, ____, ____, ____, ____

2. $\frac{2}{6}$, ____, ____, ____, ____

3. $\frac{4}{8}$, ____, ____, ____, ____

4. $\frac{5}{10}$, ____, ____, ____, ____

Escribe el producto como el producto de un número entero y una fracción unitaria.

5.

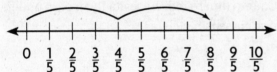

$2 \times \frac{4}{5} =$ _____

6.

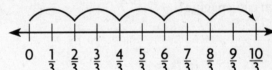

$5 \times \frac{2}{3} =$ _____

Resolución de problemas

7. Jéssica prepara 2 barras de pan de plátano. Necesita $\frac{3}{4}$ de taza de azúcar para cada barra. En su taza graduada solo cabe $\frac{1}{4}$ de taza de azúcar. ¿Cuántas veces deberá llenar Jéssica la taza graduada para obtener el azúcar suficiente para las dos barras de pan?

_____

8. Un grupo de cuatro estudiantes hace un experimento con sal. Cada estudiante debe agregar $\frac{3}{8}$ de cucharadita de sal a una solución. El grupo tiene solo una cuchara para medir $\frac{1}{8}$ de cucharadita. ¿Cuántas veces deberán llenar la cuchara para medir para poder hacer el experimento?

_____

1. Eloise hizo una lista de algunos múltiplos de $\frac{8}{5}$. Escribe 5 fracciones que podrían estar en la lista de Eloise.

_____

_____

2. David llena cinco botellas de $\frac{3}{4}$ de cuarto con una bebida deportiva. En su taza graduada solo cabe $\frac{1}{4}$ de cuarto. ¿Cuántas veces deberá llenar David su taza graduada para llenar las 5 botellas?

_____

_____

Repaso en espiral (4.NBT.6, 4.OA.3, 4.NF.3c, 4.NF.2)

3. Ignacio tiene 128 estampillas en su álbum. Tiene la misma cantidad de estampillas en cada una de las 8 páginas. ¿Cuántas estampillas hay en cada página?

_____

4. Ryan ahorra para comprarse una bicicleta que cuesta $198. Hasta ahora, ha ahorrado $15 por semana durante las 12 últimas semanas. ¿Cuánto dinero más necesita Ryan para poder comprarse la bicicleta?

_____

5. Tina compra $3\frac{7}{8}$ yardas de tela en la tienda. Las usa para hacer una falda. Después de hacerla, le quedan $1\frac{3}{8}$ yardas de tela. ¿Cuántas yardas de tela usó Tina?

_____

6. Ordena las siguientes fracciones de **menor** a **mayor**: $\frac{2}{3}$, $\frac{7}{12}$, $\frac{3}{4}$

_____

Multiplicar una fracción por un número entero usando modelos

 ESTÁNDAR COMÚN—4.NF.4b
Build fractions from unit fractions by applying and extending previous understandings of operations on whole numbers.

Multiplica.

1. $2 \times \frac{5}{6} = \dfrac{10}{6}$

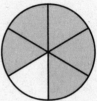

2. $3 \times \frac{2}{5} =$ _____

3. $7 \times \frac{3}{10} =$ _____

4. $3 \times \frac{5}{12} =$ _____

5. $6 \times \frac{3}{4} =$ _____

6. $4 \times \frac{2}{8} =$ _____

7. $5 \times \frac{2}{3} =$ _____

8. $2 \times \frac{7}{8} =$ _____

9. $6 \times \frac{4}{5} =$ _____

 Resolución de problemas *En el mundo*

10. Matthew camina $\frac{5}{8}$ de milla hasta la parada del autobús todas las mañanas. ¿Qué distancia caminará en 5 días?

_____

11. Emily usa $\frac{2}{3}$ de taza de leche para preparar una tanda de panecillos. ¿Cuántas tazas de leche usará Emily para preparar 3 tandas de panecillos?

_____

Revisión de la lección (4.NF.4b)

1. Durante 4 semanas, el perrito de Alejandra engordó $\frac{3}{8}$ de libra por semana. En total, ¿cuánto engordó el perrito durante las 4 semanas?

2. Pedro mezcla $\frac{3}{4}$ de cucharadita de fertilizante para plantas en cada galón de agua. ¿Cuántas cucharaditas de fertilizante para plantas debería mezclar en 5 galones de agua?

Repaso en espiral (4.NF.2, 4.NF.3b, 4.NF.3c, 4.NF.4a)

3. Ivana tiene $\frac{3}{4}$ de libra de carne para hamburguesas. Prepara 3 hamburguesas. Las tres hamburguesas tienen el mismo peso. ¿Cuánto pesa cada una?

4. Escribe $\frac{7}{10}$ como una suma de fracciones de dos maneras diferentes.

5. Luciano quiere hallar la longitud total de 3 tablas. Usa la expresión $3\frac{1}{2} + (2 + 4\frac{1}{2})$. ¿De qué manera puede Luciano usar las propiedades asociativa y conmutativa de la suma para volver a escribir la expresión?

6. Escribe el símbolo que corresponda para que el siguiente enunciado sea verdadero.

$$\frac{5}{12} \bigcirc \frac{1}{3}$$

Nombre _____

Multiplicar una fracción o un número mixto por un número entero

ESTÁNDAR COMÚN—4.NF.4c
Build fractions from unit fractions by applying and extending previous understandings of operations on whole numbers.

Multiplica. Escribe el producto como un número mixto.

1. $5 \times \frac{3}{10} =$ $1\frac{5}{10}$

2. $3 \times \frac{3}{5} =$ _____

3. $5 \times \frac{3}{4} =$ _____

4. $4 \times 1\frac{1}{5} =$ _____

5. $2 \times 2\frac{1}{3} =$ _____

6. $5 \times 1\frac{1}{6} =$ _____

7. $2 \times 2\frac{7}{8} =$ _____

8. $7 \times 1\frac{3}{4} =$ _____

9. $8 \times 1\frac{3}{5} =$ _____

Resolución de problemas

10. Brielle ejercita durante $\frac{3}{4}$ de hora cada día durante 6 días seguidos. En total, ¿cuántas horas ejercita en esos 6 días?

11. Una receta para preparar quinua lleva $2\frac{2}{3}$ tazas de leche. Conner quiere preparar 4 tandas de quinua. ¿Cuánta leche necesita?

_____

_____

Revisión de la lección (4.NF.4c)

1. Una madre es $1\frac{3}{4}$ veces más alta que su hijo. Su hijo mide 3 pies de estatura. ¿Cuánto mide la madre?

2. Las porristas hacen un cartel que mide 8 pies de ancho. La longitud del cartel es $1\frac{1}{3}$ veces su ancho. ¿Cuál es la longitud del cartel?

Repaso en espiral (4.NF.3c, 4.NF.4a, 4.NF.4b)

3. Karleigh camina $\frac{5}{8}$ de milla hasta la escuela todos los días. ¿Qué distancia camina hasta la escuela en 5 días?

4. Escribe una fracción que sea múltiplo de $\frac{4}{5}$.

5. Julia corta un pastel de lima en 8 trozos iguales. Al día siguiente, quedan $\frac{7}{8}$ del pastel. Julia coloca cada trozo en un plato diferente. ¿Cuántos platos necesita?

6. Durante el fin de semana, Ed dedicó $1\frac{1}{4}$ horas a su tarea de matemáticas y $1\frac{3}{4}$ horas a su proyecto de ciencias. En total, ¿cuánto tiempo dedicó Ed a su tarea durante el fin de semana?

Nombre _____

Resolución de problemas • Problemas de comparación con fracciones

ESTÁNDAR COMÚN—4.NF.4c
Build fractions from unit fractions by applying and extending previous understandings of operations on whole numbers.

Lee los problemas y resuélvelos.

1. Un arbusto mide $1\frac{2}{3}$ pies de altura. Un árbol pequeño es 3 veces más alto que el arbusto. ¿Cuánto mide el árbol?

a es la altura del árbol, en pies.

$a = 3 \times 1\frac{2}{3}$

$a = 3 \times \frac{5}{3}$

$a = \frac{15}{3}$

$a = 5$

Entonces, el árbol mide 5 pies de altura.

arbusto	$1\frac{2}{3}$		
árbol	$1\frac{2}{3}$	$1\frac{2}{3}$	$1\frac{2}{3}$

5 pies
_____

2. Tú corres $1\frac{3}{4}$ millas todos los días. Tu amigo corre una distancia 4 veces mayor que tú. ¿Qué distancia corre tu amigo todos los días?

_____

3. En la tienda de comestibles, Ayla compra $1\frac{1}{3}$ libras de carne de pavo picada. Tasha compra 2 veces más carne de pavo picada que Ayla. ¿Cuánta carne de pavo picada compra Tasha?

_____

4. Cuando la madre de Nathan lo lleva a la escuela en carro, tardan $\frac{1}{5}$ de hora. Cuando Nathan va caminando a la escuela, tarda 4 veces más. ¿Cuánto tarda Nathan en caminar hasta la escuela?

_____

Revisión de la lección (4.NF.4c)

1. El petrel de Wilson es un ave pequeña que tiene una envergadura de $1\frac{1}{3}$ pies. El cóndor de California es un ave más grande, cuya envergadura es casi 7 veces mayor que la del petrel. ¿Alrededor de cuántos pies tiene de envergadura el cóndor de California? (Podrías dibujar un modelo como ayuda).

_____

2. La distancia a pie desde el edificio Empire State en New York City hasta la plaza Times Square es alrededor de $\frac{9}{10}$ de milla. La distancia a pie desde el Empire State hasta el hotel de Sue es alrededor de 8 veces mayor. ¿Alrededor de qué distancia hay entre el hotel de Sue y el edificio Empire State? (Podrías dibujar un modelo como ayuda).

_____

Repaso en espiral (4.OA.4, 4.NF.2, 4.NF.3d, 4.NF.4c)

3. Escribe una expresión que sea igual a $3 \times 2\frac{1}{4}$.

_____

_____

4. En una feria de pastelería, Ron vende $\frac{7}{8}$ de una tarta de manzana y $\frac{5}{8}$ de una tarta de cereza. En total, ¿qué cantidad de tarta vendió en la feria?

_____

_____

5. En una regla, ¿qué medida está entre $\frac{3}{16}$ de pulgada y $\frac{7}{8}$ de pulgada?

_____

_____

6. Escribe un número compuesto que sea menor que 5.

_____

_____

Carta para la casa

Querida familia:

Durante las próximas semanas, en la clase de matemáticas aprenderemos a relacionar tanto las fracciones como el dinero con el valor posicional y a convertir fracciones en números decimales. También sumaremos partes fraccionarias de 10 y de 100 y compararemos números decimales hasta los centésimos.

El estudiante llevará a casa tareas para practicar cómo expresar números decimales de diferentes maneras, incluida la conversión en fracciones.

Este es un ejemplo de cómo se le enseñará a escribir un número decimal como una fracción.

Vocabulario

centésimo Una de cien partes iguales.

décimo Una de diez partes iguales.

número decimal Un número que tiene uno o más dígitos a la derecha del punto decimal.

números decimales equivalentes Dos o más números decimales que indican la misma cantidad.

punto decimal Un símbolo usado para separar dólares de centavos en cantidades de dinero y para separar el lugar de las unidades y los décimos en números decimales.

🔑 MODELO Escribe los centésimos como una fracción.

Así es cómo usaremos el valor posicional como ayuda para escribir un número decimal como una fracción.

Unidades	.	Décimos	Centésimos
0	.	6	4

punto decimal

Piensa: 0.64 es lo mismo que 6 décimos y 4 centésimos, o 64 centésimos.

Entonces, $0.64 = \frac{64}{100}$.

Pistas

Se puede usar una tabla de valor posicional como ayuda para organizar visualmente los números en relación con el lugar decimal. La tabla se puede usar para emparejar los números con palabras y para facilitar la transición entre la forma normal, la forma en palabras y el número decimal o la fracción.

Actividad

Usen la relación entre dólares y centavos y trabajen juntos para expresar el valor de una moneda de 1¢, de 5¢, de 10¢ y de 25¢ como un número decimal y como una fracción de dólar. Luego haga grupos pequeños de monedas y ayude al niño a escribir el valor de cada grupo como un número decimal y como una fracción.

Chapter 9

School-Home Letter

Vocabulary

hundredth One of one hundred equal parts.

tenth One of ten equal parts.

decimal A number with one or more digits to the right of the decimal point.

equivalent decimals Two or more decimals that name the same amount.

decimal point A symbol used to separate dollars from cents in money amounts and to separate the ones and tenths places in a decimal.

Dear Family,

During the next few weeks, our math class will relate both fractions and money to place value and will learn how to rename fractions as decimals. We will also add fractional parts of 10 and 100 and compare decimals through hundredths.

You can expect to see homework that provides practice with naming decimals in different ways, including renaming as fractions.

Here is a sample of how your child will be taught to write a decimal as a fraction.

🔑 MODEL Write Hundredths as a Fraction

This is how we will use place value to help write a decimal as a fraction.

Ones	.	Tenths	Hundredths
0	.	6	4

↑
decimal point

Think: 0.64 is the same as 6 tenths and 4 hundredths, or 64 hundredths.

So, $0.64 = \frac{64}{100}$.

Tips

A place-value chart can be used to help visually organize numbers in relation to the decimal place. The chart can be used to pair the numbers with words, and may enable a smooth transition between standard form, word form, and the decimal or fraction.

Activity

Use the relationship between dollars and cents and work together to express the value of a penny, nickel, dime, and quarter as a decimal and as a fraction of a dollar. Then make small groups of coins and help your child write the value of each group as a decimal and as a fraction.

Nombre _____

Relacionar décimos y decimales

ESTÁNDAR COMÚN—4.NF.6
Understand decimal notation for fractions, and compare decimal fractions.

Escribe la fracción o el número mixto y el número decimal que indican los modelos.

1. Piensa: El modelo está dividido en 10 partes iguales. Cada parte representa un décimo.

$\frac{6}{10}$; 0.6

_____

2.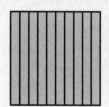

_____

3.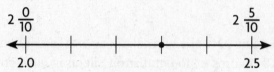

_____

4.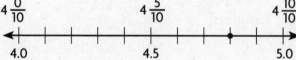

_____

Escribe la fracción o el número mixto como un número decimal.

5. $\frac{4}{10}$ **6.** $3\frac{1}{10}$ **7.** $\frac{7}{10}$ **8.** $6\frac{5}{10}$ **9.** $\frac{9}{10}$

_____   _____   _____   _____   _____

Resolución de problemas

10. Hay 10 pelotas en el armario de artículos deportivos. Tres son pelotas de *kickball*. Escribe la porción de las pelotas de *kickball* como una fracción, como un número decimal y en palabras.

_____

11. Peyton tiene 2 pizzas. Se corta cada pizza en 10 trozos iguales. Peyton y sus amigos comen 14 trozos. ¿Qué parte de las pizzas comieron? Escribe tu resultado como un número decimal.

_____

Revisión de la lección (4.NF.6)

1. Valerie tiene 10 CD en su estuche de música. Siete de los CD son de música pop. ¿Cómo se escribe esa cantidad como un número decimal?

_____

2. ¿Qué cantidad decimal se representa a continuación?

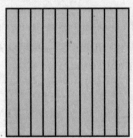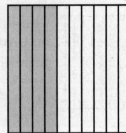

_____

Repaso en espiral (4.OA.4, 4.NF.1, 4.NF.3b)

3. Escribe un número que sea un factor de 13.

_____

4. En una pared de una galería de arte se exhiben 18 cuadros y 4 fotografías en hileras iguales, con la misma cantidad de cada tipo de arte en cada hilera. ¿Cuál podría ser el número de hileras?

_____

_____

5. ¿Cómo se escribe el número mixto que se muestra como una fracción mayor que 1?

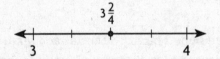

$3\frac{2}{4}$

_____

6. Escribe, en su mínima expresión, la fracción de este modelo que ha sido sombreada.

_____

Relacionar centésimos y decimales

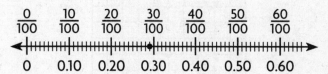

ESTÁNDAR COMÚN—4.NF.6
Understand decimal notation for fractions, and compare decimal fractions.

Escribe la fracción o el número mixto y el número decimal que indican los modelos.

1. 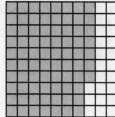 Piensa: El entero está dividido en cien partes iguales, entonces cada parte es un centésimo.

2.

$$\frac{0}{100} \quad \frac{10}{100} \quad \frac{20}{100} \quad \frac{30}{100} \quad \frac{40}{100} \quad \frac{50}{100} \quad \frac{60}{100}$$

0 0.10 0.20 0.30 0.40 0.50 0.60

$\dfrac{77}{100}$; 0.77

_____

3.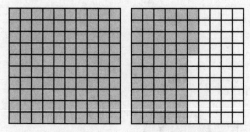

4.

$$4\frac{20}{100} \quad 4\frac{30}{100} \quad 4\frac{40}{100} \quad 4\frac{50}{100} \quad 4\frac{60}{100} \quad 4\frac{70}{100} \quad 4\frac{80}{100}$$

4.20 4.30 4.40 4.50 4.60 4.70 4.80

_____   _____

Escribe la fracción o el número mixto como un número decimal.

5. $\dfrac{37}{100}$ **6.** $8\dfrac{11}{100}$ **7.** $\dfrac{98}{100}$ **8.** $25\dfrac{50}{100}$ **9.** $\dfrac{6}{100}$

_____   _____   _____   _____   _____

Resolución de problemas

10. Hay 100 monedas de 1¢ en un dólar. ¿Qué fracción de un dólar son 61 monedas de 1¢? Escríbelo como una fracción, como un número decimal y en palabras.

_____

_____

11. Kylee ha coleccionado 100 dedales de recuerdo de diferentes lugares que ha visitado con su familia. Veinte de los dedales están tallados en madera. Escribe la fracción de dedales que son de madera como un número decimal.

_____

Revisión de la lección (4.NF.6)

1. ¿Qué número decimal representa la sección sombreada del siguiente modelo?

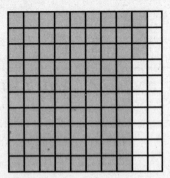

_____

2. Había 100 preguntas en la prueba de la unidad. Alondra respondió correctamente 97 de las preguntas. ¿Qué número decimal representa la fracción de preguntas que Alondra respondió correctamente?

_____

Repaso en espiral (4.OA.5, 4.NF.3b, 4.NF.3d, 4.NF.4c)

3. Escribe una expresión equivalente a $\frac{7}{8}$

_____

4. ¿Cuánto es $\frac{9}{10} - \frac{6}{10}$?

_____

5. Misha usó $\frac{1}{4}$ de un cartón de 12 huevos para hacer una omelette. ¿Cuántos huevos usó?

_____

6. Kurt usó la regla *suma* 4, *resta* 1 para generar un patrón. El primer término de su patrón es 5. Escribe un número que podría estar en el patrón de Kurt.

_____

Nombre _____

Fracciones equivalentes y decimales

ESTÁNDAR COMÚN—4.NF.5
Understand decimal notation for fractions, and compare decimal fractions.

Escribe el número como centésimos en forma de fracción y en forma de número decimal.

1. $\frac{5}{10}$

$\frac{5}{10} = \frac{5 \times 10}{10 \times 10} = \frac{50}{100}$

Piensa: 5 décimos es lo mismo que 5 décimos y 0 centésimos. Escribe 0.50.

$\frac{50}{100}$; 0.50

2. $\frac{9}{10}$

3. 0.2

4. 0.8

Escribe el número como décimos en forma de fracción y en forma de número decimal.

5. $\frac{40}{100}$

6. $\frac{10}{100}$

7. 0.60

Resolución de problemas En el mundo

8. Todos los días, Billy camina $\frac{6}{10}$ de milla hasta la escuela. Escribe $\frac{6}{10}$ como centésimos en forma de fracción y en forma de número decimal.

9. Cuatro estados de los Estados Unidos tienen nombres que comienzan con la letra A. Esa cantidad representa 0.08 de todos los estados. Escribe 0.08 como una fracción.

Revisión de la lección (4.NF.5)

1. Los estudiantes de cuarto grado de la Escuela Harvest representan 0.3 de todos los estudiantes de la escuela. ¿Qué fracción es equivalente a 0.3?

_____

2. Kyle y su hermano tienen una colección de canicas. De las canicas, 12 son azules. Esa cantidad representa $\frac{50}{100}$ del total de las canicas. ¿Qué número decimal es equivalente a $\frac{50}{100}$?

_____

Repaso en espiral (4.OA.5, 4.NF.1, 4.NF.4c, 4.NF.6)

3. Jesse ganó la carrera por $3\frac{45}{100}$ segundos. ¿De qué manera puedes escribir este número como un número decimal?

_____

4. Marge cortó 16 trozos de cinta adhesiva para pegar unas ilustraciones sobre cartón para cartel. Cada trozo de cinta adhesiva medía $\frac{3}{8}$ de pulgada de longitud. ¿Cuánta cinta adhesiva usó Marge?

_____

5. De los patrones de figuras geométricas de Katie, $\frac{9}{12}$ son triángulos. ¿Qué fracción es $\frac{9}{12}$ en su mínima expresión?

_____

6. El primer término de un patrón numérico es 75. La regla del patrón es *resta* 6. ¿Cuál es el sexto término?

_____

Nombre _____

Relacionar fracciones, decimales y dinero

ESTÁNDAR COMÚN—4.NF.6
Understand decimal notation for fractions, and compare decimal fractions.

Escribe la cantidad total de dinero. Luego escribe la cantidad como una fracción o un número mixto y como un número decimal en términos de dólares.

1.

$$\$0.18; \frac{18}{100}; 0.18$$
_____

2.

_____

Escribe las fracciones como una cantidad de dinero y como un número decimal en términos de dólares.

3. $\frac{25}{100}$ **4.** $\frac{79}{100}$ **5.** $\frac{31}{100}$ **6.** $\frac{8}{100}$ **7.** $\frac{42}{100}$

_____   _____   _____   _____   _____

Escribe la cantidad de dinero como una fracción en términos de dólares.

8. $0.87   **9.** $0.03   **10.** $0.66   **11.** $0.95   **12.** $1.00

_____   _____   _____   _____   _____

Escribe la cantidad total de dinero. Luego escribe la cantidad como una fracción y como un número decimal en términos de dólares.

13. 2 monedas de 25¢ y
2 monedas de 10¢

14. 3 monedas de 10¢ y
4 monedas de 1¢

15. 8 monedas de 5¢ y
12 monedas de 1¢

_____   _____   _____

Resolución de problemas

16. Kate tiene 1 moneda de 10¢, 4 monedas de 5¢ y 8 monedas de 1¢. Escribe la cantidad total de Kate como una fracción en términos de un dólar.

17. Nolan dice que tiene $\frac{75}{100}$ de un dólar. Si sólo tiene 3 monedas, ¿cuáles son las monedas?

_____   _____

Revisión de la lección (4.NF.6)

1. Escribe la cantidad total de dinero escrita como una fracción en términos de un dólar.

_____

_____

2. Crystal tiene $\frac{81}{100}$ de un dólar. ¿Qué monedas podría tener Crystal?

_____

_____

_____

Repaso en espiral (4.NF.1, 4.NF.6)

3. Joel le da $\frac{1}{3}$ de sus tarjetas de béisbol a su hermana. Escribe una fracción equivalente a $\frac{1}{3}$.

_____

4. Penélope hornea *pretzels* y sala $\frac{3}{8}$ de los *pretzels*. Escribe una fracción equivalente a $\frac{3}{8}$.

_____

5. ¿Qué número decimal indica el modelo?

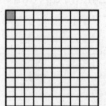

_____

6. El Sr. Guzmán tiene 100 vacas en su granja lechera. De las vacas, 57 son Holstein. ¿Qué número decimal representa la porción de vacas Holstein?

_____

Nombre _____

Resolución de problemas • El dinero

ESTÁNDAR COMÚN—4.MD.2
Solve problems involving measurement and conversion of measurements from a larger unit to a smaller unit.

Usa la estrategia *representar* para resolver los problemas.

---

1. Carl quiere comprar un timbre de bicicleta que cuesta $4.50. Hasta ahora, Carl ha ahorrado $2.75. ¿Cuánto dinero más necesita para comprar el timbre?

Usa 4 billetes de $1 y 2 monedas de 25¢ para representar $4.50. Quita billetes y monedas por un valor de $2.75. Primero, quita 2 billetes de $1 y 2 monedas de 25¢.

A continuación, cambia un billete de $1 por 4 monedas de 25¢ y quita 1 moneda de 25¢.

Cuenta la cantidad que queda.
Entonces, Carl debe ahorrar $1.75 más.

_____ **$1.75**

---

2. Juntos, Xavier, Yolanda y Zachary tienen $4.44. Si cada persona tiene la misma cantidad, ¿cuánto dinero tiene cada persona?

_____

---

3. Marcus, Nan y Olive tienen $1.65 cada uno en sus bolsillos. Deciden juntar el dinero. ¿Cuánto dinero tienen en total?

_____

---

4. Jessie ahorra $6 por semana. ¿En cuántas semanas habrá ahorrado por lo menos $50?

_____

---

5. Rebeca tiene $12 más que Cece. Dave tiene $3 menos que Cece. Cece tiene $10. ¿Cuánto dinero tienen en total?

_____

Revisión de la lección (4.MD.2)

1. Cuatro amigos ganaron $5.20 por lavar un carro. Se repartieron el dinero en partes iguales. ¿Cuánto recibió cada amigo?

_____

2. Escribe un número decimal que represente el valor de un billete de $1 y 5 monedas de 25¢.

_____

Repaso en espiral (4.OA.4, 4.NF.1, 4.NF.2, 4.NF.6)

3. Bethany tiene 9 monedas de 1¢. ¿Qué fracción de un dólar es esa cantidad?

_____

4. Michael anotó $\frac{9}{12}$ de sus tiros libres en la práctica. ¿Qué fracción es $\frac{9}{12}$ en su mínima expresión?

_____

5. Soy un número primo entre 30 y 40. ¿Qué número podría ser?

_____

6. Completa el espacio en blanco con un signo que haga que el enunciado sea verdadero.

$$\frac{2}{5} \bigcirc \frac{1}{2}$$

Nombre _____

Sumar partes fraccionarias de 10 y de 100

ESTÁNDAR COMÚN—4.NF.5
Understand decimal notation for fractions, and compare decimal fractions.

Halla la suma.

1. $\dfrac{2}{10} + \dfrac{43}{100}$

$\dfrac{20}{100} + \dfrac{43}{100} = \dfrac{63}{100}$

$$\dfrac{63}{100}$$

Piensa: Escribe $\dfrac{2}{10}$ como una fracción con denominador 100:

$$\dfrac{2 \times 10}{10 \times 10} = \dfrac{20}{100}$$

2. $\dfrac{17}{100} + \dfrac{6}{10}$

3. $\dfrac{9}{100} + \dfrac{9}{10}$

4. $\dfrac{7}{10} + \dfrac{23}{100}$

5. $\$0.48 + \$0.30$

6. $\$0.25 + \$0.34$

7. $\$0.66 + \$0.06$

Resolución de problemas En el mundo

8. La rana de Ned saltó $\dfrac{38}{100}$ de metro. Luego saltó $\dfrac{4}{10}$ de metro. ¿Cuánto saltó en total?

9. Keiko camina $\dfrac{5}{10}$ de kilómetro desde la escuela hasta el parque. Luego camina $\dfrac{19}{100}$ de kilómetro desde el parque hasta su casa. ¿Cuánto camina en total?

1. En una pecera, $\frac{2}{10}$ de los peces eran anaranjados y $\frac{5}{100}$ de los peces eran rayados. ¿Qué fracción de los peces eran anaranjados o rayados?

2. Greg gasta $0.45 en una goma de borrar y $0.30 en un bolígrafo. ¿Cuánto dinero gasta Greg en total?

3. Phillip ahorra $8 por mes. ¿Cuántos meses tardará en ahorrar por lo menos $60?

4. Úrsula y Yi comparten un sándwich. Úrsula come $\frac{2}{8}$ del sándwich. Yi come $\frac{3}{8}$ del sándwich. ¿Qué parte del sándwich comen las dos amigas?

5. Un carpintero tiene una tabla que mide 8 pies de longitud. Corta dos trozos. Un trozo mide $3\frac{1}{2}$ pies de longitud y el otro mide $2\frac{1}{3}$ pies de longitud. ¿Cuánto queda de la tabla?

6. Jeff bebe $\frac{2}{3}$ de un vaso de jugo. Escribe una fracción que sea equivalente a $\frac{2}{3}$.

Nombre _____

Comparar decimales

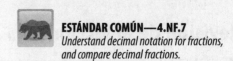

ESTÁNDAR COMÚN—4.NF.7
*Understand decimal notation for fractions,
and compare decimal fractions.*

Compara. Escribe <, > ó =.

1. 0.35 ⬭< 0.53

Piensa: 3 décimos es
menos que 5 décimos.

Entonces, 0.35 < 0.53

2. 0.6 ◯ 0.60

3. 0.24 ◯ 0.31

4. 0.94 ◯ 0.9 | **5.** 0.3 ◯ 0.32 | **6.** 0.45 ◯ 0.28 | **7.** 0.39 ◯ 0.93

Usa la recta numérica para comparar. Escribe *verdadero* o *falso*.

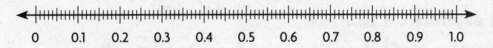

8. 0.8 > 0.78

_____

9. 0.4 > 0.84

_____

10. 0.7 < 0.70

_____

11. 0.4 > 0.04

_____

Compara. Escribe *verdadero* o *falso*.

12. 0.09 > 0.1

_____

13. 0.24 = 0.42

_____

14. 0.17 < 0.32

_____

15. 0.85 > 0.82

_____

Resolución de problemas

16. Kelly camina 0.7 millas para ir a la escuela y Mary
camina 0.49 millas. Usa <, > ó = para escribir
una desigualdad que compare las distancias que
recorren hasta la escuela.

17. Tyrone sombrea dos cuadrículas decimales.
Sombrea de color azul 0.03 de los cuadrados de
una cuadrícula y sombrea de color rojo 0.3 de
otra cuadrícula. ¿Qué cuadrícula tiene la parte
sombreada mayor?

_____

_____

Revisión de la lección (4.NF.7)

1. Bob, Carl y Peter hicieron una pila de tarjetas de béisbol cada uno. La pila de Bob medía 0.2 metros de altura, la pila de Carl medía 0.24 metros de altura y la pila de Peter medía 0.18 metros de altura. Escribe un enunciado numérico que compare la pila de tarjetas de Carl con la pila de tarjetas de Peter.

2. Tres compañeros de clase gastaron dinero en la tienda de materiales escolares. Mark gastó 0.5 dólares, André gastó 0.45 dólares y Raquel gastó 0.52 dólares. Escribe un enunciado numérico que compare el dinero que gastó André con el dinero que gastó Mark.

Repaso en espiral (4.NF.3c, 4.NF.4c, 4.NF.5)

3. Pedro tiene $0.35 en el bolsillo y Alice tiene $0.40 en el suyo. ¿Cuánto dinero tienen Pedro y Alice en sus bolsillos en total?

4. La medida 62 centímetros es equivalente a $\frac{62}{100}$ de metro. ¿De qué manera puedes escribir esa medida como un número decimal?

5. Joel tiene 24 trofeos deportivos. De los trofeos, $\frac{1}{8}$ son trofeos de fútbol. ¿Cuántos trofeos de fútbol tiene Joel?

6. La cuerda de saltar de Molly mide $6\frac{1}{3}$ pies de longitud. La cuerda de Gail mide $4\frac{2}{3}$ pies de longitud. ¿Cuánto más larga es la cuerda de saltar de Molly?

Carta para la casa

© Houghton Mifflin Harcourt Publishing Company

Querida familia:

Durante las próximas semanas, en la clase de matemáticas aprenderemos acerca de las figuras bidimensionales. Usaremos las definiciones para identificar y describir las características de estas figuras.

El estudiante llevará a casa tareas con actividades para identificar diferentes tipos de triángulos y cuadriláteros.

Este es un ejemplo de cómo se le enseñará a clasificar un triángulo según el tamaño de sus ángulos.

Vocabulario

segmento Una parte de una línea que incluye dos puntos, llamados extremos, y los puntos que están entre ellos.

semirrecta Una parte de una línea que tiene un extremo, es recta y se extiende en una dirección.

triángulo acutángulo Un triángulo con tres ángulos agudos.

triángulo obtusángulo Un triángulo con un ángulo obtuso.

triángulo rectángulo Un triángulo con un ángulo recto y dos ángulos agudos.

🔑 MODELO Clasifica un triángulo según el tamaño de sus ángulos.

Clasifica el triángulo *KLM*.

PASO 1

Identifica cuántos ángulos son agudos.

∠K es __agudo__.

∠L es __agudo__.

∠M es __agudo__.

PASO 2

Determina la clasificación correcta.

Un triángulo con __3__ ángulos agudos es __acutángulo__.

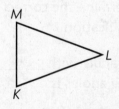

Pistas

Tamaño de los ángulos

Los ángulos se clasifican según el tamaño de la abertura entre sus semirrectas. Un ángulo recto forma un vértice recto. Un ángulo agudo mide menos que un ángulo recto. Un ángulo obtuso mide más que un ángulo recto y menos que un ángulo llano.

Para clasificar los ángulos de una figura, usa la esquina de una tarjeta como modelo de un ángulo recto y compara.

Actividad

Anime a su niño a memorizar la mayoría de las clasificaciones de los triángulos y los cuadriláteros. Pueden hacer juntos tarjetas nemotécnicas con las clasificaciones en un lado y las definiciones y/o ejemplos visuales en el otro lado de cada tarjeta.

Chapter 10

School-Home Letter

Dear Family,

Throughout the next few weeks, our math class will be studying two-dimensional figures. The students will use definitions to identify and describe characteristics of these figures.

You can expect to see homework that includes identifying types of triangles and quadrilaterals.

Here is a sample of how your child will be taught to classify a triangle by its angles.

Vocabulary

line segment A part of a line that includes two points, called endpoints, and all the points between them.

ray A part of a line, with one endpoint, that is straight and continues in one direction.

acute triangle A triangle with three acute angles.

obtuse triangle A triangle with one obtuse angle.

right triangle A triangle with one right angle and two acute angles.

🔑 MODEL Classify a triangle by the sizes of its angles.

Classify triangle *KLM*.

STEP 1

Determine how many angles are acute.

∠K is ___acute___.

∠L is ___acute___.

∠M is ___acute___.

STEP 2

Determine the correct classification.

A triangle with ___3___ acute angles is

___acute___.

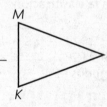

Tips

Angle sizes

Angles are classified by the size of the opening between the rays. A right angle forms a square corner. An acute angle is less than a right angle. An obtuse angle is greater than a right angle and less than a straight angle.

To classify angles in a figure, use the corner of an index card as a right angle and compare.

Activity

Help your child commit most of the classifications of triangles and quadrilaterals to memory. Together, you can make a series of flash cards with the classifications on one side of the card and definitions and/or sketches of examples on the other side of the card.

Nombre _____

Líneas, semirrectas y ángulos

ESTÁNDAR COMÚN—4.G.1
Draw and identify lines and angles, and classify shapes by properties of their lines and angles.

Dibuja y rotula un ejemplo de la figura.

1. ∠ABC obtuso

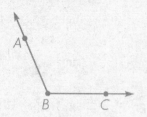

Piensa: Un ángulo obtuso es mayor que un ángulo recto. La letra del medio, B, indica el vértice del ángulo.

2. $\overrightarrow{GH}$

3. ∠JKL agudo

4. $\overline{BC}$

Usa la figura para resolver los ejercicios 5 a 8.

5. Menciona un segmento.

_____

6. Menciona un ángulo recto.

_____

7. Menciona un ángulo obtuso.

_____

8. Menciona una semirrecta.

_____

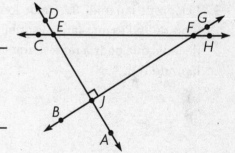

Resolución de problemas

Usa la figura que está a la derecha para resolver los ejercicios 9 a 11.

9. Clasifica ∠AFD. _____

10. Clasifica ∠CFE. _____

11. Menciona dos ángulos agudos.

_____

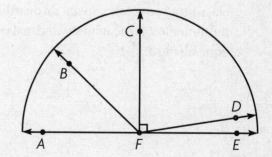

Revisión de la lección (4.G.1)

1. Las manecillas de un reloj muestran las 12:25.

¿Qué tipo de ángulo forman las manecillas del reloj?

2. Usa letras y signos para nombrar la siguiente figura.

Repaso en espiral (4.NF.3c, 4.NF.6, 4.NF.7, 4.MD.2)

3. El lápiz de Jan mide 8.5 cm de longitud. El lápiz de Ted es más largo. Escribe un número decimal que podría representar la longitud del lápiz de Ted.

4. Kayla compra una camisa por $8.19. Paga con un billete de $10. ¿Cuánto cambio debe recibir?

5. Sasha donó $\frac{9}{100}$ del total de latas que su clase juntó para la campaña de distribución de alimentos. ¿Qué número decimal es equivalente a $\frac{9}{100}$?

6. José saltó $8\frac{1}{3}$ pies. Saltó $2\frac{2}{3}$ pies más lejos que Lila. ¿Qué distancia saltó Lila?

Nombre _____

Clasificar triángulos por sus ángulos

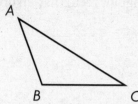

ESTÁNDAR COMÚN—4.G.2
Draw and identify lines and angles and classify shapes by properties of their lines and angles.

Clasifica los triángulos. Escribe *acutángulo, rectángulo* **u** *obtusángulo.*

1.

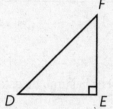

Piensa: El ángulo *A* y el ángulo *C* son agudos. El ángulo *B* es obtuso.

obtusángulo

2.

_____

3.

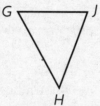

_____

4.

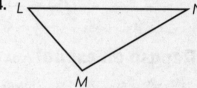

_____

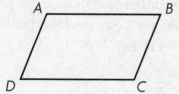

Resolución de problemas *En el mundo*

5. Usa la siguiente figura *ABCD*. Dibuja un segmento desde el punto *B* al punto *D*. Escribe el nombre de los triángulos que se forman y clasifícalos.

_____

_____

_____

_____

6. Usa la siguiente figura *ABCD*. Dibuja un segmento desde el punto *A* al punto *C*. Escribe el nombre de los triángulos que se forman y clasifícalos.

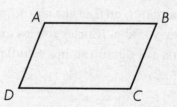

_____

_____

_____

_____

Revisión de la lección (4.G.2)

1. Stephen dibujó este triángulo. ¿Cuántos ángulos obtusos tiene el triángulo?

2. Le pidieron a Joan que dibuje un triángulo rectángulo. ¿Cuántos ángulos rectos hay en un triángulo rectángulo?

Repaso en espiral (4.OA.4, 4.NBT.5, 4.NF.5, 4.G.1)

3. Oliver dibujó la siguiente figura para representar el viaje de la luz desde el Sol hacia la Tierra. Escribe el nombre de la figura que dibujó.

4. Armon sumó $\frac{1}{10}$ y $\frac{8}{100}$. ¿Cuál es la suma de estas fracciones?

5. Sam contó de 6 en 6 en voz alta. Jorge contó de 8 en 8 en voz alta. ¿Cuáles son los tres primeros números que dijeron ambos estudiantes?

6. Un equipo de básquetbol anotó, en promedio, 105 puntos por juego. ¿Cuántos puntos anotó el equipo en 6 juegos?

Nombre _____

Clasificar triángulos por sus lados

ESTÁNDAR COMÚN—4.G.2
Classify triangles by the lengths of their sides.

Describe el triángulo. Escribe *equilátero, isósceles* **o** *escaleno.*

1.

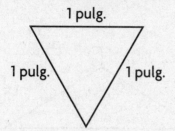

1 pulg.

1 pulg.   1 pulg.

Piensa: Todos los lados tienen la misma longitud.

equilátero

2.

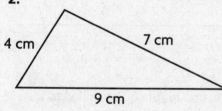

4 cm   7 cm

9 cm

3.

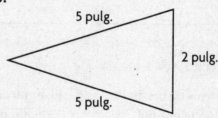

5 pulg.

2 pulg.

5 pulg.

4.

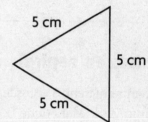

5 cm   5 cm

5 cm

_____   _____   _____

Resolución de problemas

5. Marcos dibujó una línea desde el punto *Y* hasta el punto *W* en el siguiente rectángulo. Creó dos triángulos idénticos. Clasifica los triángulos por el tamaño de sus ángulos y la longitud de sus lados.

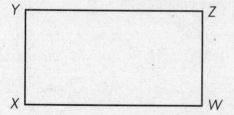

6. ¿Es posible dibujar un triángulo que sea obtusángulo y equilátero al mismo tiempo? Explica por qué.

_____

_____

_____

_____

_____

_____

_____

Revisión de la lección (4.G.2)

1. La cometa está formada por dos triángulos. ¿Son triángulos isósceles, equiláteros o escalenos?

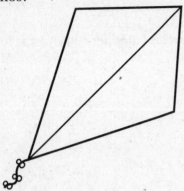

_____

2. La percha tiene forma de triángulo. ¿El triángulo es isósceles, equilátero o escaleno?

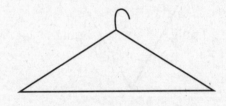

_____

Repaso en espiral (4.OA.1, 4.OA.2, 4.OA.3, 4.NF.3b)

3. Samanta tiene 3 veces más tarjetas de béisbol que Mark. Mark tiene 12 tarjetas de béisbol. Escribe una ecuación que muestre cuántas tarjetas tiene Samanta.

_____

4. El empleado de una tienda quiere colocar 137 latas dentro de unas cajas. En cada caja entran 9 latas. El empleado llena la mayor cantidad de cajas posibles. ¿Cuántas latas le sobran al empleado?

_____

5. Gina tiene 24 pasas. Quiere dar el mismo número de pasas a cada uno de sus 8 amigos. Dibuja círculos alrededor de los grupos de pasas para mostrar cómo debería dividirlas. ¿Cuántas pasas debe dar a cada amigo?

6. Nate corta una quiche en 7 partes iguales. Solo quedan $\frac{3}{7}$ de la quiche. Nate quiere dar partes iguales a sus 3 amigos. Escribe $\frac{3}{7}$ como la suma de fracciones unitarias.

_____

_____

Nombre _____

Líneas paralelas y líneas perpendiculares

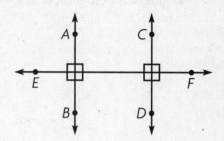

ESTÁNDAR COMÚN—4.G.1
Draw and identify lines and angles, and classify shapes by properties of their lines and angles.

Usa la figura para resolver los ejercicios 1 a 3.

1. Escribe el nombre de un par de líneas perpendiculares.

   Piensa: Las líneas perpendiculares forman ángulos rectos. $\overleftrightarrow{AB}$ y $\overleftrightarrow{EF}$ forman ángulos rectos.

   AB y EF
   _____

2. Escribe el nombre de un par de líneas paralelas.

   _____

3. *Escribe el nombre de otro par de líneas perpendiculares.*

   _____

Dibuja y rotula la figura que se describe.

4. $\overleftrightarrow{MN}$ y $\overleftrightarrow{PQ}$ se intersecan en el punto *R*.

5. $\overleftrightarrow{WX} \parallel \overleftrightarrow{YZ}$

6. $\overleftrightarrow{FH} \perp \overleftrightarrow{JK}$

Resolución de problemas · En el mundo

Usa el mapa de calles para resolver los ejercicios 7 y 8.

7. Menciona dos calles que se intersecan pero que no son perpendiculares.

   _____

   _____

8. Menciona dos calles que son paralelas entre sí.

   _____

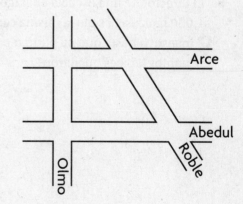

Revisión de la lección (4.G.1)

1. Escribe una letra mayúscula que tenga segmentos perpendiculares.

2. En la figura, ¿qué par de segmentos son paralelos?

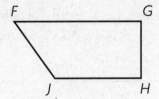

Repaso en espiral (4.NBT.5, 4.NBT.6, 4.NF.2, 4.G.2)

3. Nolan dibujó un triángulo rectángulo. ¿Cuántos ángulos agudos dibujó?

4. Mike bebió más de la mitad del jugo que había en su vaso. ¿Qué fracción del jugo pudo haber bebido Mike?

5. El director de una escuela encargó 1,000 lápices. Les dio la misma cantidad a 7 maestros hasta que no pudo repartir más. ¿Cuántos lápices quedaron?

6. Un envase de jugo contiene 64 onzas. La Sra. Wilson compró 6 envases de jugo. ¿Cuántas onzas de jugo compró?

Nombre _____

Clasificar cuadriláteros

ESTÁNDAR COMÚN—4.G.2
Draw and identify lines and angles and classify shapes by properties of their lines and angles.

Clasifica las figuras de todas las maneras posibles.
Escribe *cuadrilátero, trapecio, paralelogramo, rombo, rectángulo* o *cuadrado.*

1.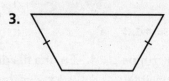

Piensa: 2 pares de lados paralelos
4 lados de igual longitud
0 ángulos rectos

cuadrilátero, paralelogramo, rombo

2.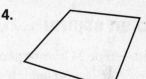

_____

_____

3.

_____

_____

4.

_____

_____

5.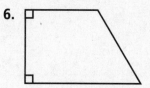

_____

_____

6.

_____

_____

7.

_____

_____

Resolución de problemas *En el mundo*

8. Alan dibujó un polígono con cuatro lados y cuatro ángulos. Los cuatro lados son iguales. Ninguno de los ángulos es recto. ¿Qué figura dibujó Alan?

_____

_____

9. Teresa dibujó un cuadrilátero con 2 pares de lados paralelos y 4 ángulos rectos. ¿Qué cuadrilátero pudo haber dibujado?

_____

_____

Revisión de la lección (4.G.2)

1. Le pidieron a Joey que mencione un cuadrilátero que también es un rombo. ¿Cuál debería ser su respuesta?

2. ¿Qué cuadrilátero tiene exactamente un par de lados paralelos?

Repaso en espiral (4.OA.4, 4.OA.5, 4.NF.3d, 4.G.1)

3. Terrence tiene 24 huevos para dividir en grupos iguales. ¿Cuáles son todos los números posibles de huevos que Terrence podría colocar en cada grupo?

4. En una fila de estudiantes, Jenna es la número 8. La maestra dice que la regla de un patrón numérico es *suma 4*. El primer estudiante de la fila dice el primer término: 7. ¿Qué número debería decir Jenna?

5. Lou come $\frac{6}{8}$ de una pizza. Escribe la fracción de pizza que queda, en su mínima expresión.

6. Nombra una letra mayúscula que tenga líneas paralelas.

Nombre _____

Simetría axial

ESTÁNDAR COMÚN—4.G.3
Draw and identify lines and angles, and classify shapes by properties of their lines and angles.

**Indica si la línea discontinua puede ser un eje de simetría.
Escribe *sí* o *no*.**

1.

__SÍ__

2.

_____

3.

_____

4.

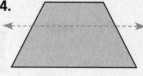

_____

5.

_____

6.

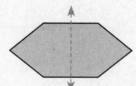

_____

7.

_____

8.

_____

Haz la reflexión sobre el eje de simetría para completar el diseño.

9.

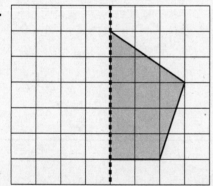

10.

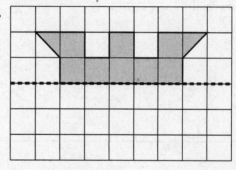

![Resolución de problemas En el mundo]

11. Kiara usa el patrón que está a la derecha para hacer muñecos de papel. La línea discontinua representa un eje de simetría. Un muñeco completo se hace con la reflexión del patrón sobre el eje de simetría. Completa el diseño para mostrar cómo se ve uno de los muñecos de papel de Kiara.

Revisión de la lección (4.G.3)

1. ¿Qué palabra describe mejor el eje de simetría de la letra D?

_____

_____

2. ¿La siguiente figura muestra un eje de simetría correcto? Explica tu respuesta.

_____

_____

Repaso en espiral (4.NBT.5, 4.NBT.6, 4.NF.2, 4.NF.4c)

3. La clase tiene 360 cubos unitarios en una bolsa. Johnnie divide los cubos unitarios en partes iguales entre 8 grupos. ¿Cuántos cubos unitarios recibirá cada grupo?

_____

4. Hay 5,280 pies en una milla. ¿Cuántos pies hay en 6 millas?

_____

5. Sue tiene 4 trozos de madera. Miden $\frac{1}{3}$ de pie, $\frac{2}{5}$ de pie, $\frac{3}{10}$ de pie y $\frac{1}{4}$ de pie de longitud, respectivamente. ¿Qué trozo de madera es el más corto?

_____

6. Alice tiene $\frac{1}{5}$ de la cantidad de carros en miniatura que tiene Sylvester. Sylvester tiene 35 carros en miniatura. ¿Cuántos carros en miniatura tiene Alice?

_____

Nombre _____

Hallar y dibujar ejes de simetría

ESTÁNDAR COMÚN—4.G.3
Draw and identify lines and angles, and classify shapes by properties of their lines and angles.

Indica si la figura no tiene ejes de simetría, si tiene 1 eje de simetría o si tiene más. Escribe *ninguno, 1* o *más de 1*.

1.

___1___

2.

_____

3.
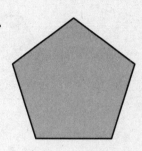
_____

4.

_____

¿El diseño tiene simetría axial? Escribe *sí* o *no*. Si la respuesta es sí, dibuja todos los ejes de simetría.

5.

_____

6.

_____

7.

_____

8.
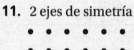
_____

Dibuja una figura para cada enunciado. Dibuja el eje o los ejes de simetría.

9. sin ejes de simetría

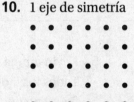

10. 1 eje de simetría

11. 2 ejes de simetría

Resolución de problemas
En el mundo

Usa la tabla para resolver los ejercicios 12 y 13.

0	2	3	4
5	6	8	9

12. ¿Qué número o números tienen solo 1 eje de simetría?

_____

13. ¿Qué número o números tienen 2 ejes de simetría?

_____

Revisión de la lección (4.G.3)

1. ¿Cuántos ejes de simetría puede tener esta figura?

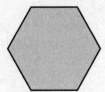

———————————————

2. Dibuja una figura que tenga exactamente un eje de simetría.

Repaso en espiral (4.NF.1, 4.NF.4b, 4.NF.6, 4.G.2)

3. Richard practicó 3 solos de piano durante $\frac{5}{12}$ de hora cada uno. ¿Cuánto tiempo practicó en total? Escribe el resultado en su mínima expresión.

———————————————

4. Escribe un número decimal que sea equivalente a tres con diez centésimos.

———————————————

5. Lynne usó $\frac{3}{8}$ de taza de harina y $\frac{1}{3}$ de taza de azúcar en una receta. ¿Qué número es un denominador común de $\frac{3}{8}$ y $\frac{1}{3}$?

———————————————

6. Kevin dibuja una figura que tiene cuatro lados. Todos los lados tienen la misma longitud. Su figura no tiene ángulos rectos. ¿Qué figura dibujó Kevin?

———————————————

Resolución de problemas • Formar patrones

ESTÁNDAR COMÚN 4.0A.5
Generate and analyze patterns.

Resuelve los problemas.

1. Marta usa este patrón para decorar un marco. Describe el patrón. Dibuja cuáles podrían ser las tres figuras que siguen en el patrón.

◣ ☐ ☐ ◣ ☐ ☐ ◣ ☐ ☐ ◣ ☐ ☐ ◣

Respuesta posible: El patrón se repite: un triángulo seguido por dos cuadrados.

2. Describe el patrón. Dibuja cuáles podrían ser las tres figuras que siguen en el patrón. ¿Cuántos círculos hay en la sexta figura del patrón?

```
            ○
      ○        ○ ○
  ○     ○ ○   ○ ○ ○
```

_____

3. Larry dibuja este patrón con una plantilla para hacer una greca en la parte superior de las paredes de su recámara. Describe el patrón. Dibuja cuál podría ser la figura que falta en el patrón.

       ___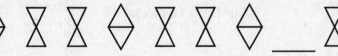

_____

_____

1. Dibuja cuáles podrían ser las tres figuras que siguen en este patrón.

⇑⇓⇓⇑⇑⇑⇓⇓⇓⇓⇑⇑⇑⇑⇑⇓⇑⇓⇓⇓⇓

2. Dibuja cuál podría ser la figura que falta en el siguiente patrón.

_____

Repaso en espiral (4.OA.4, 4.NF.3d, 4.NF.4a, 4.NF.7)

3. Chad tiene dos trozos de madera. Un trozo mide $\frac{7}{12}$ de pie de longitud. El segundo trozo mide $\frac{5}{12}$ de pie más que el primero. ¿Cuál es la longitud del segundo trozo?

4. Olivia finalizó una carrera en 40.64 segundos. Patty finalizó la carrera en 40.39 segundos. Miguel finalizó la carrera en 41.44 segundos. Chad finalizó la carrera en 40.46 segundos. ¿Quién finalizó la carrera en menos tiempo?

5. Justin compró 6 cintas para un proyecto de arte. Cada cinta mide $\frac{1}{4}$ de yarda de longitud. ¿Cuántas yardas de cinta compró Justin?

6. Les pidieron a Kyle y a Andrea que hicieran una lista de números primos.
   Kyle: 1, 3, 7, 19, 23
   Andrea: 2, 3, 5, 7, 11

   ¿Qué lista es correcta?

Capítulo 11

Carta para la casa

Querida familia:

Durante las próximas semanas, en la clase de matemáticas aprenderemos sobre ángulos y medidas de los ángulos. También aprenderemos a usar un transportador para medir y dibujar ángulos.

El estudiante llevará a casa tareas en las que tenga que hallar medidas de ángulos y hacer cálculos con ellas.

Este es un ejemplo de cómo se le enseñará a relacionar los grados con las partes fraccionarias de un círculo.

Vocabulario

en el sentido contrario de las manecillas del reloj En la dirección opuesta en que se mueven las manecillas de un reloj.

en el sentido de las manecillas del reloj En la misma dirección en que se mueven las manecillas de un reloj

grado (°) Una unidad que se usa para medir ángulos.

transportador Un instrumento para medir el tamaño de un ángulo.

MODELO Halla las medidas de los ángulos.

Halla la medida de un ángulo recto.

PASO 1

Un ángulo recto gira sobre $\frac{1}{4}$ de un círculo. Escribe $\frac{1}{4}$ como una fracción equivalente con 360 como denominador: $\frac{1}{4} = \frac{90}{360}$

PASO 2

Un giro de $\frac{1}{360}$ mide 1°. Entonces, un giro de $\frac{90}{360}$ mide 90°.

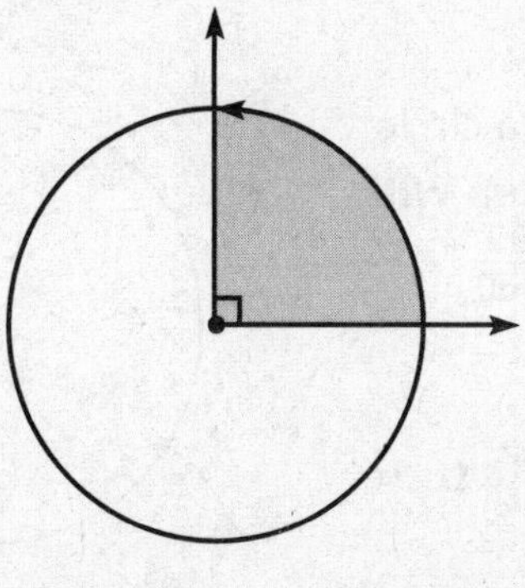

Pistas

Clasificar ángulos

Un ángulo *agudo* mide *menos de* 90°. Un ángulo *obtuso* mide *más* de 90° y *menos de* 180°. Un ángulo *llano* mide 180°.

Actividad

Ayude a su niño a medir ángulos en ilustraciones de edificios y puentes y a decidir si ciertas medidas de ángulos son más comunes que otras. Luego pídale que dibuje su propio diseño de edificio o puente y que rotule cada medida de ángulo.

© Houghton Mifflin Harcourt Publishing Company

School-Home Letter

© Houghton Mifflin Harcourt Publishing Company

Vocabulary

counterclockwise The direction opposite from the way clock hands move.

clockwise The direction the clock hands move.

degree (°) A unit for measuring angles.

protractor A tool for measuring the size of an angle.

Dear Family,

Throughout the next few weeks, our math class will be learning about angles and angle measures. We will also learn to use a protractor to measure and draw angles.

You can expect to see homework in which students find and compute with angle measures.

Here is a sample of how your child will be taught how to relate degrees to fractional parts of a circle.

🔒 MODEL Find Angle Measures

Find the measure of a right angle.

STEP 1

A right angle turns $\frac{1}{4}$ through a circle. Write $\frac{1}{4}$ as an equivalent fraction with 360 in the denominator: $\frac{1}{4} = \frac{90}{360}$

STEP 2

A $\frac{1}{360}$ turn measures 1°. So, a $\frac{90}{360}$ turn measures 90°.

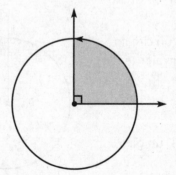

Tips

Classifying Angles

An *acute* angle measures *less than* 90°. An *obtuse* angle measures *more than* 90° and *less than* 180°. A *straight* angle measures 180°.

Activity

Help your child measure angles in pictures of buildings and bridges and decide whether certain angle measures are more common. Then have your child draw his or her own building or bridge design and label each angle measure.

Nombre _____

Ángulos y partes fraccionarias de un círculo

ESTÁNDAR COMÚN—4.MD.5a
Geometric measurement: understand concepts of angle and measure angles.

Indica qué fracción del círculo representa el ángulo sombreado.

1.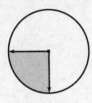

   $\dfrac{1}{4}$

   _____

2.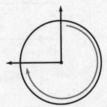

   _____

3.

   _____

Indica si el ángulo del círculo muestra $\frac{1}{4}$, $\frac{1}{2}$, $\frac{3}{4}$ **de giro o** 1 **giro completo en el sentido de las manecillas del reloj o en el sentido contrario de las manecillas del reloj.**

4.

   _____

   _____

5.

   _____

   _____

6.

   _____

   _____

Resolución de problemas En el mundo

7. Shelley hizo ejercicio durante 15 minutos. Describe el giro que hizo el minutero en ese tiempo.

   Inicio   Finalización

   _____

   _____

8. Mark tardó 30 minutos en terminar su almuerzo. Describe el giro que hizo el minutero en ese tiempo.

   Inicio   Finalización

   _____

   _____

Revisión de la lección (4.MD.5a)

1. ¿Qué fracción del círculo representa el ángulo sombreado?

_____

_____

2. Describe el giro que se muestra abajo.

_____

_____

Repaso en espiral (4.OA.4, 4.NF.1, 4.NF.4c, 4.NF.7)

3. Escribe $\frac{2}{3}$ y $\frac{3}{4}$ como un par de fracciones con un denominador común.

_____

_____

4. Raymond compró $\frac{3}{4}$ de una docena de panecillos. ¿Cuántos panecillos compró?

_____

_____

5. Enumera todos los factores de 18.

6. Jonathan recorrió 1.05 millas en bicicleta el viernes, 1.5 millas el sábado, 1.25 millas el lunes y 1.1 millas el martes. ¿Qué día recorrió la distancia más corta?

_____   _____

Nombre _____

Grados

ESTÁNDARES COMUNES—4.MD.5a, 4.MD.5b *Geometric measurement: understand concepts of angle and measure angles.*

Indica la medida del ángulo en grados.

1.
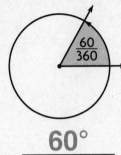
$\frac{60}{360}$

60°

2.
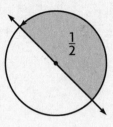
$\frac{1}{2}$

_____

3.
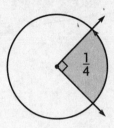
$\frac{1}{4}$

_____

Clasifica el ángulo. Escribe *agudo*, *obtuso*, *recto* o *llano*.

4.
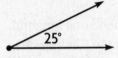
25°

_____

5.
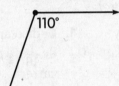
110°

_____

6.
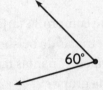
60°

_____

Clasifica el triángulo. Escribe *acutángulo*, *obtusángulo* o *rectángulo*.

7.
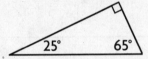
25°   65°

_____

8.
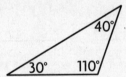
40°
30°   110°

_____

9.

60°   70°
50°

_____

Resolución de problemas En el mundo

Ann comenzó a leer a las 4:00 p. m. y terminó a las 4:20 p. m.

10. ¿Sobre qué fracción de un círculo giró el minutero?

_____

11. ¿Cuántos grados giró el minutero?

_____

Inicio   **Finalización**

Revisión de la lección (4.MD.5a, 4.MD.5b)

1. ¿Qué tipo de ángulo se muestra?

180°

2. ¿Cuántos grados mide un ángulo que gira sobre $\frac{1}{4}$ de un círculo?

_____

Repaso en espiral (4.OA.3, 4.NF.3b, 4.NF.4a, 4.NF.5)

3. Mae compró 15 tarjetas de fútbol americano y 18 tarjetas de béisbol. Las separó en 3 grupos iguales. ¿Cuántas tarjetas de deportes hay en **cada** grupo?

4. Cada etapa de una carrera tiene una longitud de $\frac{1}{10}$ de milla. Marsha terminó 5 etapas de la carrera. ¿Qué distancia corrió Marsha?

_____

5. Jeff dijo que en su ciudad cayeron $\frac{11}{3}$ de pulgada de nieve. Escribe esta fracción como un número mixto.

6. Amy corrió $\frac{3}{4}$ de milla. Escribe la distancia que corrió Amy como número decimal.

Nombre _____

Medir y dibujar ángulos

ESTÁNDAR COMÚN—4.MD.6
Geometric measurement: understand concepts of angle and measure angles.

Usa un transportador para hallar la medida de los ángulos.

1.

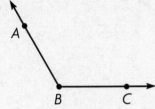

m∠ABC = ___**120°**___

2.

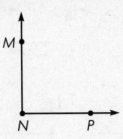

m∠MNP = _____

3.

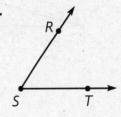

m∠RST = _____

Usa un transportador para dibujar los ángulos.

4. 40°

5. 170°

Dibuja un ejemplo de cada ángulo. Rotula el ángulo con su medida.

6. un ángulo recto

7. un ángulo agudo

Resolución de problemas En el mundo

En el dibujo se muestran los ángulos que forma
un escalón con una baranda sobre una pared.
Usa el transportador para medir los ángulos.

8. ¿Cuál es la medida de ∠A? _____

9. ¿Cuál es la medida de ∠B? _____

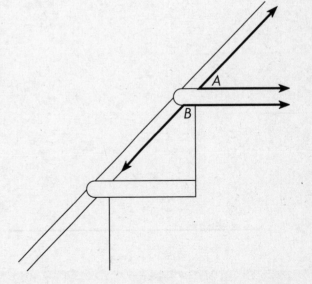

Revisión de la lección (4.MD.6)

1. ¿Cuál es la medida de ∠ABC?

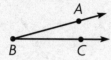

A
B   C

_____

2. ¿Cuál es la medida de ∠XYZ?

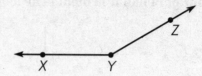

Z
X   Y

_____

Repaso en espiral (4.NBT.6 , 4.NF.3c, 4.MD.5a, 4.G.1)

3. Derrick ganó $1,472 durante las 4 semanas que realizó su trabajo de verano. Si ganó la misma cantidad cada semana, ¿cuánto ganó cada semana?

_____

4. Arthur horneó $1\frac{7}{12}$ docenas de panecillos. Nina horneó $1\frac{1}{12}$ docenas de panecillos. ¿Cuántas docenas de panecillos hornearon en total?

_____

5. Trisha dibujó la siguiente figura. ¿Qué figura dibujó?

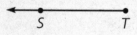

S   T

_____

6. Mide y describe el giro que muestra el ángulo. Asegúrate de decir la amplitud y la dirección del giro.

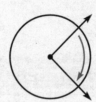

_____

Nombre _____

Unir y separar ángulos

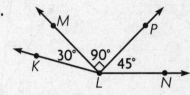

ESTÁNDAR COMÚN—4.MD.7
Geometric measurement: understand concepts of angle and measure angles.

Suma para hallar la medida del ángulo. Escribe una ecuación para anotar tu trabajo.

1.

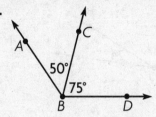

$$50° + 75° = 125°$$

m∠ABD = ___**125°**___

2.

F   140°   20°   H
G   J

_____

m∠FGJ = _____

3.

M   P
K   30°   90°   45°
L   N

_____

m∠KLN = _____

Usa un transportador para hallar la medida de los ángulos del círculo.

4. m∠ABC = _____

5. m∠DBE = _____

6. m∠CBD = _____

7. m∠EBA = _____

8. Escribe la suma de las medidas de los ángulos como una ecuación.

_____

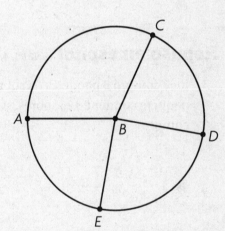

![Resolución de problemas](En el mundo)

9. Ned hizo el diseño de la derecha. Usa un transportador. Halla la medida de cada uno de los 3 ángulos y escríbela.

_____

10. Escribe una ecuación para hallar la medida del ángulo total.

_____

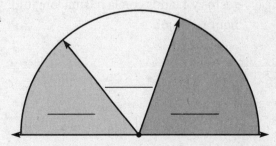

Revisión de la lección (4.MD.7)

1. ¿Cuál es la medida de ∠WXZ?

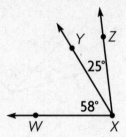

2. Escribe una ecuación que puedas usar para hallar la medida de m∠MNQ.

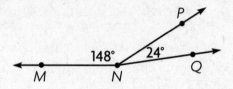

Repaso en espiral (4.NBT.5, 4.NF.3d, 4.MD.5a, 4.MD.5b, 4.G.2)

3. Joey compró 6 paquetes de sobres. Cada paquete contiene 125 sobres. ¿Cuántos sobres compró?

4. El sendero Lake Trail mide $\frac{3}{10}$ de milla de longitud y el sendero Rock Trail mide $\frac{5}{10}$ de milla de longitud. Bill recorrió cada sendero una vez. ¿Cuántas millas recorrió en total?

5. Ronald dibujó un cuadrilátero con 4 ángulos rectos y 4 lados con la misma longitud. ¿Qué figura dibujó?

6. ¿Cuántos grados mide un ángulo que gira sobre $\frac{3}{4}$ de un círculo?

Nombre _____

Resolución de problemas • Medidas desconocidas de ángulos

ESTÁNDAR COMÚN 4.MD.7
Geometric measurement: understand concepts of angle and measure angles.

Resuelve los problemas. Haz un diagrama como ayuda.

1. Wayne construye una casa para aves. Va a cortar una tabla como se muestra en el dibujo de la derecha. ¿Cuánto mide el ángulo de la parte que sobra?

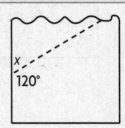

Haz un modelo de barras para representar el problema.

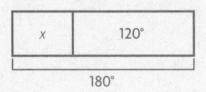

$x + 120° = 180°$

$x = 180° - 120°$

$x = 60°$

60°

_____

2. Un artista corta una pieza de metal como se muestra en el dibujo de la derecha. ¿Cuánto mide el ángulo de la parte que sobra?

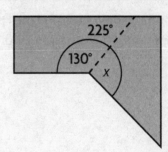

_____

3. Joan tiene un pedazo de tela para hacer un disfraz. Debe cortarla como se muestra en el dibujo de la derecha. ¿Cuánto mide el ángulo de la parte que sobra?

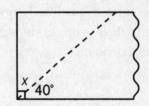

_____

Revisión de la lección (4.MD.7)

1. Ángelo corta un triángulo de una hoja de papel como se muestra en el dibujo. ¿Cuánto mide ∠x del triángulo?

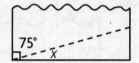

2. Cindy corta un pedazo de madera como se muestra en el dibujo. ¿Cuánto mide el ángulo de la parte que sobra?

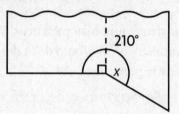

Repaso en espiral (4.OA.3, 4.NF.2, 4.NF.6, 4.MD.7)

3. Tyronne trabajó 21 días el mes pasado. Ganó $79 por día. ¿Cuánto ganó Tyronne el mes pasado?

4. Meg patinó $\frac{7}{10}$ de milla. Escribe esta distancia como número decimal.

5. Kerry corrió $\frac{3}{4}$ de milla. Sherrie corrió $\frac{1}{2}$ milla. Marcie corrió $\frac{2}{3}$ de milla. Enumera en orden los nombres de las amigas, de la que corrió menos a la que corrió más.

6. ¿Cuál es la medida de ∠ABC?

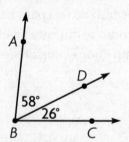

Carta
para la casa

© Houghton Mifflin Harcourt Publishing Company

Querida familia:

Durante las próximas semanas, en la clase de matemáticas aprenderemos sobre unidades del sistema usual y del sistema métrico de longitud, peso/masa y volumen de un líquido. También aprenderemos a hallar el tiempo transcurrido y a calcular con medidas mixtas.

El estudiante llevará a casa tareas para practicar el uso de los puntos de referencia para calcular medidas y la comparación de unidades.

Este es un ejemplo de cómo se le enseñará a comparar tamaños de las unidades de longitud del sistema métrico.

Vocabulario

decímetro (dm) Una unidad del sistema métrico para medir la longitud o la distancia.

diagrama de puntos Una gráfica en la que se muestra la frecuencia de datos en una recta numérica.

onza fluida (oz fl) Una unidad del sistema usual para medir el volumen de un líquido.

segundo Una unidad pequeña de tiempo.

🔑 MODELO   Compara el tamaño relativo de centímetros y milímetros.

Observa la regla en centímetros.

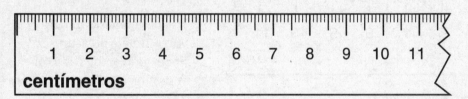

centímetros

Pistas

Estimar medidas

Usa puntos de referencia como ayuda para estimar medidas. Por ejemplo, tu dedo mide alrededor de 1 centímetro de ancho.

Cada marca rotulada en la regla es 1 centímetro. Las marcas pequeñas entre los centímetros son milímetros. 1 centímetro = 10 milímetros

1 centímetro mide 10 veces más que 1 milímetro.

1 milímetro es $\frac{1}{10}$ ó 0.1 de un centímetro.

Actividad

Pida al niño que memorice las unidades básicas del sistema usual y del sistema métrico. Trabajen juntos para preparar tarjetas nemotécnicas con unidades de medida y pídale que practique cómo relacionar y comparar unidades. Aproveche las actividades cotidianas, como las comidas y la cocina, para practicar. Por ejemplo: "Si comienzas con 1 cuarto de jugo y bebes 3 tazas, ¿cuántas tazas de jugo quedan?".

School-Home Letter

Vocabulary

decimeter (dm) A metric unit for measuring length or distance.

line plot A graph that shows the frequency of data along a number line.

fluid ounce (fl oz) A customary unit for measuring liquid volume.

second A small unit of time.

Dear Family,

During the next few weeks, our math class will be learning about customary and metric units of length, weight/mass, and liquid volume. We will also find elapsed time and learn to compute with mixed measures.

You can expect to see homework on how to use measurement benchmarks and how to compare units.

Here is a sample of how your child will be taught to compare sizes of metric units of length.

🔒 MODEL Compare the Relative Size of Centimeters and Millimeters

Look at a centimeter ruler.

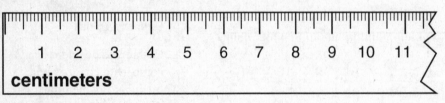

1   2   3   4   5   6   7   8   9   10   11

centimeters

Each labeled mark on the ruler is 1 centimeter.
The small marks between centimeters are millimeters.
1 centimeter = 10 millimeters

1 centimeter is 10 times as long as 1 millimeter.

1 millimeter is $\frac{1}{10}$ or 0.1 of a centimeter.

Tips

Estimating Measures

Use benchmarks to help you estimate measures. For example, the width of your finger is about 1 centimeter.

Activity

Have your child commit basic customary and metric units of measure to memory. Work together to make flash cards with measurement units, and have your child practice relating and comparing units. Use daily activities, such as meals and cooking, as opportunities for practice. For example, "If you start with 1 quart of juice and drink 3 cups, how many cups of juice are left?"

Nombre _____

Medidas de puntos de referencia

ESTÁNDAR COMÚN—4.MD.1
Solve problems involving measurement and conversion of measurements from a larger unit to a smaller unit.

Usa puntos de referencia para elegir una unidad del sistema usual para medir los elementos.

1. la altura de una computadora

2. el peso de una mesa

<u>   pie   </u>

_____

Unidades del sistema usual	
onza	yarda
libra	milla
pulgada	galón
pie	taza

3. la longitud de un semirremolque

4. la cantidad de líquido que entra en una tina

_____

_____

Usa puntos de referencia para elegir una unidad del sistema métrico para medir los elementos.

5. la masa de un saltamontes

6. la cantidad de líquido que contiene una botella de agua

Unidades del sistema métrico	
mililitro	centímetro
litro	metro
gramo	kilómetro
kilogramo	

_____

_____

7. la longitud de un campo de fútbol

8. la longitud de un lápiz

_____

_____

Encierra en un círculo la estimación que mejor corresponda.

9. la masa de un huevo de gallina

50 gramos   50 kilogramos

10. la longitud de un carro

12 millas   12 pies

11. la cantidad de líquido que contiene un vaso

8 onzas   8 cuartos

Completa la oración. Escribe *más* o *menos*.

12. Una cámara tiene una longitud de _____ de un centímetro.

13. Una bola de boliche pesa _____ de una libra.

Resolución de problemas

14. ¿Cuál es la estimación más acertada para la masa de un libro de texto: 1 gramo o 1 kilogramo?

_____

15. ¿Cuál es la estimación más acertada para la altura de un escritorio: 1 metro o 1 kilómetro?

_____

Revisión de la lección (4.MD.1)

1. ¿Qué unidad sería la más acertada para medir el peso de una grapadora?

_____

_____

2. ¿Cuál es la estimación más acertada para la longitud de un carro?

_____

_____

Repaso en espiral (4.NF.4c, 4.NF.6, 4.MD.5a, 4.MD.5b, 4.G.2)

3. Bart practica con su trompeta durante $1\frac{1}{4}$ horas por día. ¿Cuántas horas practicará en 6 días?

_____

_____

4. Millie coleccionó 100 estampillas de países diferentes. Treinta y dos de ellas son de países de África. ¿Cómo se escribe $\frac{32}{100}$ como número decimal?

_____

_____

5. Diedre dibujó un cuadrilátero con 4 ángulos rectos y lados opuestos de igual longitud. ¿Qué tipo de polígono dibujó?

_____

_____

6. ¿Cuántos grados hay en un ángulo que gira sobre $\frac{1}{2}$ círculo?

_____

_____

Nombre _____

Unidades de longitud del sistema usual

ESTÁNDAR COMÚN—4.MD.1
Solve problems involving measurement and conversion of measurements from a larger unit to a smaller unit.

Completa.

1. 3 pies = __**36**__ pulgadas   Piensa: 1 pie = 12 pulgadas;
entonces, 3 pies = 3 × 12 pulgadas o 36 pulgadas

2. 2 yardas = _____ pies

3. 8 pies = _____ pulgadas

4. 7 yardas = _____ pies

5. 4 pies = _____ pulgadas

6. 15 yardas = _____ pies

7. 10 pies = _____ pulgadas

Usa <, > ó = para comparar.

8. 3 yardas ◯ 10 pies

9. 5 pies ◯ 60 pulgadas

10. 8 yardas ◯ 20 pies

11. 3 pies ◯ 10 pulgadas

12. 3 yardas ◯ 21 pies

13. 6 pies ◯ 72 pulgadas

Resolución de problemas · En el mundo

14. Carla tiene dos cintas de distinta longitud. Una cinta mide 2 pies de longitud. La otra cinta mide 30 pulgadas de longitud. ¿Qué cinta es más larga? **Explícalo.**

_____

_____

_____

15. Un jugador de fútbol americano ganó 2 yardas en una jugada. En la jugada siguiente, ganó 5 pies. ¿Ganó más en la primera o en la segunda jugada? **Explícalo.**

_____

_____

_____

Revisión de la lección (4.MD.1)

1. Marta tiene 14 pies de alambre para hacer collares. Debe hallar la longitud en pulgadas para determinar cuántos collares puede hacer. ¿Cuántas pulgadas de alambre tiene?

2. Jarod compró 8 yardas de cinta. Debe usar 200 pulgadas para hacer cortinas. ¿Cuántas pulgadas de cinta tiene?

Repaso en espiral (4.NF.6, 4.MD.1, 4.MD.2, 4.MD.5a)

3. Describe el giro que se muestra abajo (asegúrate de incluir el tamaño y la dirección del giro en tu respuesta).

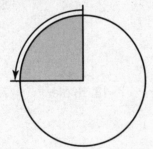

4. ¿Qué número decimal representa la parte sombreada del siguiente modelo?

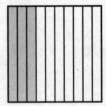

5. Tres hermanas repartieron $3.60 en partes iguales. ¿Cuánto recibió cada una?

6. ¿Cuál es la estimación más acertada para el ancho del dedo índice?

Nombre _____

Unidades de peso del sistema usual

ESTÁNDAR COMÚN—4.MD.1
Solve problems involving measurement and conversion of measurements from a larger unit to a smaller unit.

Completa.

1. 5 libras = __80__ onzas

Piensa: 1 libra = 16 onzas, entonces
5 libras = 5 × 16 onzas u 80 onzas

2. 7 toneladas = _____ libras

3. 2 libras = _____ onzas

4. 3 toneladas = _____ libras

5. 10 libras = _____ onzas

6. 5 toneladas = _____ libras

7. 7 libras = _____ onzas

Usa <, > ó = para comparar.

8. 8 libras $\bigcirc$ 80 onzas

9. 1 tonelada $\bigcirc$ 100 libras

10. 3 libras $\bigcirc$ 50 onzas

11. 5 toneladas $\bigcirc$ 1,000 libras

12. 16 libras $\bigcirc$ 256 onzas

13. 8 toneladas $\bigcirc$ 16,000 libras

Resolución de problemas

14. Una compañía que fabrica vigas de acero puede producir 6 toneladas de vigas en un día. ¿Cuánto es eso en libras?

15. La hermanita de Larry pesó 6 libras al nacer. ¿Cuántas onzas pesó la niña?

© Houghton Mifflin Harcourt Publishing Company

Revisión de la lección (4.MD.1)

1. Ana compró 2 libras de queso para preparar lasaña. En la receta se indica la cantidad de queso necesaria en onzas. ¿Cuántas onzas de queso compró?

_____

2. Un autobús escolar pesa 7 toneladas. El límite de peso para pasar por un puente está expresado en libras. ¿Cuál es el peso del autobús en libras?

_____

Repaso en espiral (4.NF.4c, 4.MD.1, 4.MD.7, 4.G.3)

3. ¿Cuánto mide $\angle EHG$?

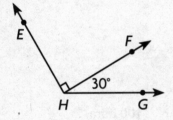

_____

4. ¿Cuántos ejes de simetría tiene el siguiente cuadrado?

_____

5. Para preparar masa, Reba necesita $2\frac{1}{2}$ tazas de harina. ¿Cuánta harina necesita para preparar 5 tandas de masa?

_____

6. El padre de Judi mide 6 pies de estatura. La estatura mínima para subir a la montaña rusa está expresada en pulgadas. ¿Cuántas pulgadas mide el padre de Judi?

_____

Nombre _____

Unidades de volumen de un líquido del sistema usual

ESTÁNDAR COMÚN—4.MD.1
Solve problems involving measurement and conversion of measurements from a larger unit to a smaller unit.

Completa.

1. 6 galones = __**24**__ cuartos

    Piensa: 1 galón = 4 cuartos, entonces 6 galones = 6 × 4 cuartos o 24 cuartos

2. 12 cuartos = _____ pintas

3. 6 tazas = _____ onzas fluidas

4. 9 pintas = _____ tazas

5. 10 cuartos = _____ tazas

6. 5 galones = _____ pintas

7. 3 galones = _____ tazas

Usa <, > ó = para comparar.

8. 6 pintas ◯ 60 onzas fluidas

9. 3 galones ◯ 30 cuartos

10. 5 cuartos ◯ 20 tazas

11. 6 tazas ◯ 12 pintas

12. 8 cuartos ◯ 16 pintas

13. 6 galones ◯ 96 pintas

Resolución de problemas

14. Un cocinero prepara $1\frac{1}{2}$ galones de sopa en una olla grande. ¿Cuántas porciones de 1 taza puede servir?

15. La botella de agua de Kendra contiene 2 cuartos de agua. Quiere agregarle refresco en polvo, pero en las instrucciones de preparación del refresco se indica la cantidad de agua necesaria en onzas fluidas. ¿Cuántas onzas fluidas hay en la botella?

_____

Revisión de la lección (4.MD.1)

1. Joshua bebe 8 tazas de agua por día. La cantidad diaria recomendada está expresada en onzas fluidas. ¿Cuántas onzas fluidas de agua bebe por día?

_____

2. En una cafetería se usaron 5 galones de leche para preparar el almuerzo. ¿Cuántos recipientes de 1 cuarto de leche se usaron?

_____

Repaso en espiral (4.NF.4a, 4.NF.6, 4.MD.1, 4.G.1)

3. Roy usa $\frac{1}{4}$ de taza de masa para cada panecillo. Haz una lista que muestre las cantidades de masa que usará de acuerdo con la cantidad de panecillos que haga.

_____

4. Beth tiene $\frac{7}{100}$ de dólar. ¿Qué cantidad de dinero tiene Beth?

_____

5. Indica qué figura dibujó Enrico abajo.

_____

6. Un hipopótamo pesa 4 toneladas. Las instrucciones para alimentarlo indican el peso en libras. ¿Cuántas libras pesa el hipopótamo?

_____

Nombre _____

Diagramas de puntos

ESTÁNDAR COMÚN 4.MD.4
Represent and interpret data.

1. Unos estudiantes compararon el tiempo que tardan en ir a la escuela en el autobús escolar. Completa la tabla de conteo y el diagrama de puntos para mostrar los datos.

Tiempo transcurrido en el autobús escolar	
Tiempo (en horas)	**Conteo**
$\frac{1}{6}$	$\mid \mid$
$\frac{2}{6}$	
$\frac{3}{6}$	
$\frac{4}{6}$	

Tiempo transcurrido en el autobús escolar (en horas)

$\frac{1}{6}, \frac{3}{6}, \frac{4}{6}, \frac{2}{6}, \frac{3}{6}, \frac{1}{6}, \frac{3}{6}, \frac{3}{6}$

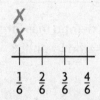

Tiempo transcurrido en el autobús escolar (en horas)

Usa el diagrama de puntos para resolver los ejercicios 2 y 3.

2. ¿Cuántos estudiantes compararon el tiempo? _____

3. ¿Cuál es la diferencia entre el tiempo más largo y el tiempo más corto que los estudiantes tardaron en el autobús?

_____

 Resolución de problemas En el mundo

Para los ejercicios 4 y 5, haz una tabla de conteo en una hoja de papel. Haz un diagrama de puntos en el espacio dado debajo del problema.

4.
Leche que se bebe en el almuerzo (en cuartos)

$\frac{1}{8}, \frac{2}{8}, \frac{2}{8}, \frac{4}{8}, \frac{1}{8}, \frac{3}{8}, \frac{4}{8}, \frac{2}{8}, \frac{3}{8}, \frac{2}{8}$

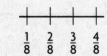

Leche que se bebe en el almuerzo (en cuartos)

5.
Distancia entre las paradas de un cartero rural (en millas)

$\frac{3}{10}, \frac{4}{10}, \frac{5}{10}, \frac{1}{10}, \frac{5}{10}, \frac{4}{10}, \frac{4}{10}, \frac{3}{10}$

Distancia entre las paradas de un cartero rural (en millas)

Revisión de la lección (4.MD.4)

Usa el diagrama de puntos para resolver los ejercicios 1 y 2.

1. ¿Cuántos estudiantes leyeron durante el tiempo de estudio?

_____

2. ¿Cuál es la diferencia entre el tiempo más largo y el tiempo más corto que pasaron leyendo?

_____

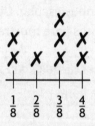

Tiempo transcurrido leyendo durante el tiempo de estudio (en horas)

Repaso en espiral (4.NF.5, 4.MD.1)

3. A Bridget le permiten jugar juegos en red durante $\frac{75}{100}$ de una hora cada día. Escribe esta fracción como número decimal.

4. La colección de tarjetas de deportes de Bobby está compuesta por $\frac{3}{10}$ de tarjetas de béisbol y $\frac{39}{100}$ de tarjetas de fútbol americano. Las tarjetas restantes son de fútbol. ¿Qué fracción de las tarjetas son de béisbol o de fútbol americano?

5. Jeremy da a su caballo 12 galones de agua por día. ¿Cuántas cubetas de 1 cuarto de agua equivalen a esa cantidad?

6. En una tienda de mascotas hay una iguana que mide 5 pies de longitud. Las medidas de las jaulas para iguanas están expresadas en pulgadas. ¿Cuánto mide la iguana en pulgadas?

Unidades de longitud del sistema métrico

ESTÁNDAR COMÚN—4.MD.1
Solve problems involving measurement and conversion of measurements from a larger unit to a smaller unit.

Completa.

1. 4 metros = **400** centímetros

Piensa: 1 metro = 100 centímetros,
entonces 4 metros = 4 × 100 centímetros
o 400 centímetros

2. 8 centímetros = _____ milímetros

3. 5 metros = _____ decímetros

4. 9 metros = _____ milímetros

5. 7 metros = _____ centímetros

Usa <, > ó = para comparar.

6. 8 metros $\bigcirc$ 80 centímetros

7. 3 decímetros $\bigcirc$ 30 centímetros

8. 4 metros $\bigcirc$ 450 centímetros

9. 90 centímetros $\bigcirc$ 9 milímetros

Describe la longitud en metros. Escribe tu respuesta como una fracción y como número decimal.

10. 43 centímetros = _____ ó

_____ metros

11. 6 decímetros = _____ ó

_____ metros

12. 8 centímetros = _____ ó

_____ metros

13. 3 decímetros = _____ ó

_____ metros

Resolución de problemas En el mundo

14. El mástil de una bandera mide 4 metros de altura. ¿Cuántos centímetros mide?

_____

15. Un edificio nuevo mide 25 metros de altura. ¿Cuántos decímetros mide?

_____

Revisión de la lección (4.MD.1)

1. Un lápiz mide 15 centímetros de longitud. ¿Cuántos milímetros mide?

2. El padre de John mide 2 metros de estatura. ¿Cuántos centímetros mide?

_____

_____

Repaso en espiral (4.NF.4b, 4.NF.7, 4.MD.4)

3. Bruce lee durante $\frac{3}{4}$ de hora cada noche. ¿Cuánto tiempo leerá en 4 noches?

4. Mark trotó 0.6 millas. Caroline trotó 0.49 millas. Escribe una desigualdad que compare las distancias que trotaron.

_____

_____

Usa el diagrama de puntos para resolver los ejercicios 5 y 6.

5. ¿En cuántos terrenos se cortó el césped?

_____

6. ¿Cuál es la diferencia entre la cantidad mayor y la cantidad menor de combustible que se usó para cortar el césped?

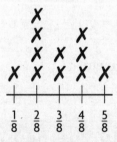

Combustible usado para cortar el césped en mayo (en galones)

_____

_____

Nombre _____

Unidades de masa y de volumen de un líquido del sistema métrico

ESTÁNDARES COMUNES—4.MD.1, 4.MD.2 *Solve problems involving measurement and conversion of measurements from a larger unit to a smaller unit.*

Completa.

1. 5 litros = ___5,000___ mililitros

    Piensa: 1 litro = 1,000 mililitros,
    entonces 5 litros = 5 × 1,000 mililitros o 5,000 mililitros

2. 3 kilogramos = _____ gramos

3. 8 litros = _____ mililitros

4. 7 kilogramos = _____ gramos

5. 9 litros = _____ mililitros

6. 2 litros = _____ mililitros

7. 6 kilogramos = _____ gramos

Usa <, > ó = para comparar.

8. 8 kilogramos $\bigcirc$ 850 gramos

9. 3 litros $\bigcirc$ 3,500 mililitros

10. 1 kilogramo $\bigcirc$ 1,000 gramos

11. 5 litros $\bigcirc$ 520 mililitros

Resolución de problemas En el mundo

12. Kenny compra cuatro botellas de agua de 1 litro. ¿Cuántos mililitros de agua compra?

    _____

13. La Sra. Jones compró tres paquetes de 2 kilogramos de harina. ¿Cuántos gramos de harina compró?

    _____

14. Colin compró 8 kilogramos de manzanas y 2.5 kilogramos de peras. ¿Cuántos gramos más de manzanas que de peras compró?

    _____

15. David usa 500 mililitros de jugo para la receta de un refresco de frutas. Lo mezcla con 2 litros de refresco de jengibre. ¿Cuántos mililitros de refresco de frutas prepara?

    _____

1. Durante su caminata, Mike bebió 1 litro de agua y 1 litro de un refresco para deportistas. ¿Cuántos mililitros de líquido bebió en total?

2. Larinda cocinó 4 kilogramos de carne asada. Después de la comida, quedaron 3 kilogramos de carne. ¿Cuántos gramos de carne asada se comieron durante la comida?

_____

_____

Repaso en espiral (4.MD.1, 4.MD.6, 4.G.1)

3. Usa un transportador para hallar la medida del ángulo.

4. Dibuja un par de líneas paralelas.

_____

5. Carly compró 3 libras de alpiste. ¿Cuántas onzas de alpiste compró?

6. Una puerta mide 8 decímetros de ancho. ¿Cuál es el ancho en centímetros?

_____

_____

Nombre _____

Unidades de tiempo

ESTÁNDAR COMÚN—4.MD.1
Solve problems involving measurement and conversion of measurements from a larger unit to a smaller unit.

Completa.

1. 6 minutos = ___**360**___ segundos

Piensa: 1 minuto = 60 segundos, entonces 6 minutos = 6 × 60 segundos o 360 segundos

2. 5 semanas = _____ días

3. 3 años = _____ semanas

4. 9 horas = _____ minutos

5. 9 minutos = _____ segundos

6. 5 años = _____ meses

7. 7 días = _____ horas

Usa <, > ó = para comparar.

8. 2 años ◯ 14 meses

9. 3 horas ◯ 300 minutos

10. 2 días ◯ 48 horas

11. 6 años ◯ 300 semanas

12. 4 horas ◯ 400 minutos

13. 5 minutos ◯ 300 segundos

Resolución de problemas · En el mundo

14. Judy practicó una pieza para piano durante 500 segundos. Bill practicó una pieza para piano durante 8 minutos. ¿Quién practicó más tiempo? **Explícalo.**

15. El hermano menor de Yvette acaba de cumplir 3 años. El hermano de Fred tiene 30 meses. ¿Qué hermano es mayor? **Explícalo.**

_____

_____

_____

_____

Revisión de la lección (4.MD.1)

1. Glen anduvo en bicicleta durante 2 horas. ¿Cuántos minutos anduvo en bicicleta?

2. Tina dice que las vacaciones comienzan exactamente en 4 semanas. ¿Cuántos días faltan para las vacaciones?

Repaso en espiral (4.NF.3b, 4.NF.5, 4.MD.1, 4.MD.2)

3. Kayla compró $\frac{9}{4}$ de libra de manzanas. ¿Cómo se escribe ese peso como un número mixto?

4. Judy, Jeff y Jim ganaron $5.40 cada uno por rastrillar hojas. ¿Cuánto ganaron en total?

5. Melinda recorrió $\frac{54}{100}$ de milla en su bicicleta hasta la biblioteca. Luego recorrió $\frac{4}{10}$ de milla hasta la tienda. ¿Qué distancia recorrió en total? Escribe tu respuesta como un número decimal.

6. Un día, los estudiantes bebieron 60 cuartos de leche en el almuerzo. ¿Cuántas pintas de leche bebieron?

Resolución de problemas • Tiempo transcurrido

ESTÁNDAR COMÚN—4.MD.2
Solve problems involving measurement and conversion of measurements from a larger unit to a smaller unit.

Lee los problemas y resuélvelos.

1. Molly comenzó su lección de piano a las 3:45 p. m. La lección duró 20 minutos. ¿A qué hora terminó?

   Piensa: ¿Qué debo hallar? ¿Cómo puedo dibujar un diagrama que me sirva como ayuda?

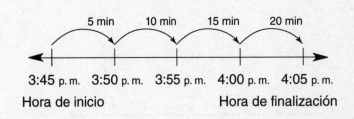

   5 min   10 min   15 min   20 min

   3:45 p. m.   3:50 p. m.   3:55 p. m.   4:00 p. m.   4:05 p. m.
   Hora de inicio   Hora de finalización

   4:05 p. m.

2. Brendan jugó 24 minutos a un videojuego. Se detuvo a las 3:55 p. m. y salió a andar en bicicleta. ¿A qué hora comenzó a jugar al videojuego?

   _____

3. La clase de karate de Aimee dura 1 hora y 15 minutos y termina a las 5:00 p. m. ¿A qué hora comienza?

   _____

4. El Sr. Giarmo partió hacia el trabajo a las 7:15 a. m. Veinticinco minutos después, llegó a su trabajo. ¿A qué hora llegó?

   _____

5. El vuelo de la Sra. Brown partió a las 9:20 a. m. El avión aterrizó 1 hora y 23 minutos después. ¿A qué hora aterrizó?

   _____

Revisión de la lección (4.MD.2)

1. Bobbie fue a practicar *snowboard* con sus amigos a las 10:10 a. m. Practicaron durante 1 hora y 43 minutos y luego se detuvieron a almorzar. ¿A qué hora almorzaron?

_____

2. La familia Cain manejó durante 1 hora y 15 minutos y llegó a su parcela en el campamento a las 3:44 p. m. ¿A qué hora comenzó el viaje?

_____

Repaso en espiral (4.NF.4b, 4.NF.5, 4.MD.1, 4.MD.2)

3. Una mantis religiosa puede crecer hasta 15 centímetros de longitud. ¿A cuánto equivale esta longitud en milímetros?

_____

4. Con la receta de Thom para preparar minestrón se pueden hacer 3 litros de sopa. ¿Cuántos mililitros de sopa es esto?

_____

5. Stewart camina $\frac{2}{3}$ de milla todos los días. Enumera tres múltiplos de $\frac{2}{3}$.

_____

_____

6. Angélica pintó 0.60 de los cuadrados de una cuadrícula. Escribe 0.60 como décimos en forma de fracción.

_____

_____

Nombre _____

Medidas mixtas

ESTÁNDAR COMÚN— 4.MD.2
Solve problems involving measurement and conversion of measurements from a larger unit to a smaller unit.

Completa.

1. 8 libras y 4 onzas = _____ **132** onzas

> Piensa: 8 libras = 8 × 16 onzas o 128 onzas.
>
> 128 onzas + 4 onzas = 132 onzas

2. 5 semanas y 3 días = _____ días

3. 4 minutos y 45 segundos = _____ segundos

4. 4 horas y 30 minutos = _____ minutos

5. 3 toneladas y 600 libras = _____ libras

6. 6 pintas y 1 taza = _____ tazas

7. 7 libras y 12 onzas = _____ onzas

Suma o resta.

8. 9 gal 1 ct
   + 6 gal 1 ct
   _____

9. 12 lb 5 oz
   − 7 lb 10 oz
   _____

10. 8 h 3 min
    + 4 h 12 min
    _____

Resolución de problemas En el mundo

11. El equipo de básquetbol de Michael practicó durante 2 horas y 40 minutos ayer y 3 horas y 15 minutos hoy. ¿Cuánto tiempo más que ayer practicó el equipo hoy?

12. Rosa tenía un trozo de cinta de 5 pies y 3 pulgadas de longitud. Cortó un trozo de 5 pulgadas para usarlo en su proyecto de arte. ¿Cuánto mide el trozo de cinta ahora?

_____

_____

Revisión de la lección (4.MD.2)

1. Marsha compró 1 libra y 11 onzas de carne asada y 2 libras y 5 onzas de picadillo de carne. ¿Cuánto más picadillo de carne que carne asada compró?

2. Theodore dice que quedan 2 semanas y 5 días para terminar el año. ¿Cuántos días quedan del año?

_____

_____

Repaso en espiral (4.NF.7, 4.MD.1, 4.MD.2, 4.G.2)

3. En una cuadrícula, 0.5 de los cuadrados están sombreados. En otra cuadrícula, 0.05 de los cuadrados están sombreados. Compara las partes sombreadas de las cuadrículas usando $<$, $=$ ó $>$.

4. Clasifica el siguiente triángulo.

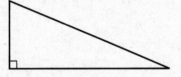

_____

_____

_____

_____

5. El hermano de Sahil tiene 3 años. ¿Cuántas semanas de edad tiene?

6. Las lecciones de natación de Silvia duran 1 hora y 20 minutos. Terminó su lección a las 10:50 a. m. ¿A qué hora comenzó la lección?

_____

_____

Patrones en unidades de medida

ESTÁNDAR COMÚN—4.MD.1
Solve problems involving measurement and conversion of measurements from a larger unit to a smaller unit.

En cada tabla se muestra un patrón para dos unidades de tiempo o volumen del sistema usual. Rotula las columnas de la tabla.

1.

Galones	Cuartos
1	4
2	8
3	12
4	16
5	20

2.

_____	_____
1	12
2	24
3	36
4	48
5	60

3.

_____	_____
1	2
2	4
3	6
4	8
5	10

4.

_____	_____
1	7
2	14
3	21
4	28
5	35

Resolución de problemas

Usa la tabla para resolver los ejercicios 5 y 6.

5. Marguerite hizo una tabla para comparar dos medidas de longitud del sistema métrico. Indica un par de unidades que podría comparar.

_____

6. Indica otro par de unidades de longitud del sistema métrico que tengan la misma relación.

_____

?	?
1	10
2	20
3	30
4	40
5	50

Revisión de la lección (4.MD.1)

1. Joanne hizo una tabla para relacionar dos unidades de medida. Los pares de números de la tabla son 1 y 16, 2 y 32, 3 y 48, 4 y 64. ¿Cuáles son los rótulos más acertados para la tabla?

2. Candela hizo una tabla para relacionar dos unidades de tiempo. Los pares de números de su tabla son 1 y 24, 2 y 48, 3 y 72, 4 y 96. ¿Cuáles son los rótulos más acertados para la tabla?

Repaso en espiral (4.NF.6, 4.MD.1, 4.MD.2, 4.MD.5a)

3. Anita tiene 2 monedas de 25¢, 1 moneda de 5¢ y 4 monedas de 1¢. Escribe la cantidad total de dinero que tiene Anita como una fracción de un dólar.

4. El minutero de un reloj se mueve de 12 a 6. ¿Qué número describe el giro que hace el minutero?

5. El perro de Roderick tiene una masa de 9 kilogramos. ¿Cuál es la masa del perro en gramos?

6. Kari mezcló 3 galones y 2 cuartos de refresco de lima-limón con 2 galones y 3 cuartos de limonada rosada para preparar un refresco de frutas. ¿Cuánto más refresco de lima-limón que de limonada rosada usó?

Carta para la casa

Vocabulario

área La cantidad de unidades cuadradas que se necesitan para cubrir una superficie plana.

altura, *h* La longitud de un segmento perpendicular desde la base hasta la parte superior de una figura bidimensional.

base, *b* Un lado de un polígono.

fórmula Un conjunto de símbolos que expresa una regla matemática.

perímetro La distancia alrededor de una figura.

unidad cuadrada Una unidad de área que mide 1 unidad de longitud y 1 unidad de ancho.

Querida familia:

Durante las próximas semanas, en la clase de matemáticas aprenderemos sobre el perímetro y el área. Exploraremos el concepto del área como medida de superficie que usa unidades cuadradas. También aprenderemos la fórmula para hallar el área de un rectángulo.

El estudiante llevará a casa tareas para practicar cómo hallar el perímetro y el área de un rectángulo y el área de rectángulos combinados.

Este es un ejemplo de cómo se le enseñará a usar una fórmula para hallar el área de un rectángulo.

 MODELO Usa una fórmula para hallar el área.

Así usaremos la fórmula para hallar el área de un rectángulo.

PASO 1

Identifica la base y la altura del rectángulo.

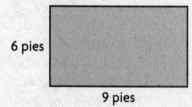

6 pies

9 pies

base = 9 pies

altura = 6 pies

PASO 2

Usa la fórmula
$A = b \times h$
para hallar el área del rectángulo.

$A = 9 \times 6$
$\quad = 54$

El área mide 54 pies cuadrados.

Pistas

Recuerda que cualquiera de los lados de un rectángulo puede ser la base. Según el lado que se determine como base, el lado perpendicular a esa base es la altura. En el modelo, la base pudo haber sido el lado de 6 pies y la altura, el lado de 9 pies. El área no cambia debido a la propiedad conmutativa de la multiplicación.

Unidades adecuadas

Recuerde que se debe usar la unidad *cuadrada* correcta cuando se expresa el área de una figura. Una medida de 54 pies sería simplemente una medida de la longitud; en cambio, una medida de 54 pies *cuadrados* es una medida del área.

© Houghton Mifflin Harcourt Publishing Company

School-Home Letter

Vocabulary

area The number of square units needed to cover a flat surface.

height, *h* The length of a perpendicular from the base to the top of a two-dimensional figure.

base, *b* A polygon's side.

formula A set of symbols that expresses a mathematical rule.

perimeter The distance around a figure.

square unit A unit of area with dimensions of 1 unit × 1 unit.

Dear Family,

During the next few weeks, our math class will be learning about perimeter and area. We will explore the concept that area is a measure of how many square units cover a flat surface. We will also learn the formula for finding the area of a rectangle.

You can expect to see homework that provides practice with finding perimeters and areas of rectangles, and areas of combined rectangles.

Here is a sample of how your child will be taught to use a formula to find the area of a rectangle.

🔑 MODEL Use a Formula to Find Area

This is how we will use a formula to find the area of a rectangle.

STEP 1

Identify the base and the height of the rectangle.

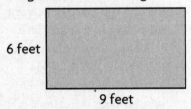

6 feet

9 feet

base = 9 feet
height = 6 feet

STEP 2

Use the formula
$A = b \times h$
to find the area of the rectangle.

$A = 9 \times 6$
$\quad = 54$

The area is 54 square feet.

Tips

Remember that any side of a rectangle could be the base. Depending upon the side labeled as the base, the perpendicular side to that base is the height. In the model, the base could have been identified as 6 feet and the height as 9 feet. Because of the Commutative Property of Multiplication, the area does not change.

Appropriate Units

Remember to use the correct *square* units when expressing the area of a shape. A measure of 54 feet would simply be a measure of length, whereas a measure of 54 *square* feet is a measure of area.

Nombre _____

El perímetro

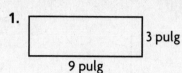 **ESTÁNDAR COMÚN—4.MD.3**
Solve problems involving measurement and conversion of measurements from a larger unit to a smaller unit.

Halla el perímetro del rectángulo o cuadrado.

1.
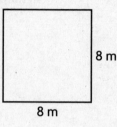
3 pulg

9 pulg

$9 + 3 + 9 + 3 = 24$

24 pulgadas

2.
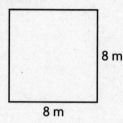
8 m

8 m

_____ metros

3.
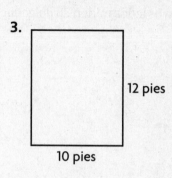
12 pies

10 pies

_____ pies

4.
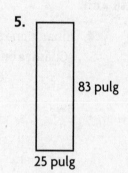
24 cm

30 cm

_____ centímetros

5.

83 pulg

25 pulg

_____ pulgadas

6.
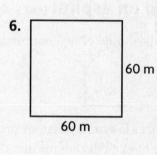
60 m

60 m

_____ metros

Resolución de problemas *En el mundo*

7. Troy hace una bandera con forma cuadrada. Cada lado mide 12 pulgadas. Quiere agregarle cinta alrededor de los lados. Tiene 36 pulgadas de cinta. ¿Tiene suficiente cinta? **Explícalo.**

8. El ancho de la piscina comunitaria de Ochoa es 20 pies. La longitud es el doble de la medida del ancho. ¿Cuál es el perímetro de la piscina?

_____   _____

Revisión de la lección (4.MD.3)

1. ¿Cuál es el perímetro de una ventana cuadrada cuyos lados miden 36 pulgadas de longitud?

_____

2. ¿Cuál es el perímetro del siguiente rectángulo?

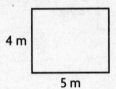

4 m

5 m

_____

Repaso en espiral (4.NF.7, 4.MD.1, 4.MD.5a, 4.MD.5b, 4.G.3)

3. Natalie dibujó el siguiente ángulo.

¿Cuál es la estimación más razonable de la medida del ángulo que dibujó Natalie?

_____

4. Ethan tiene 3 libras de frutos secos surtidos. ¿Cuántas onzas de frutos secos tiene Ethan?

_____

5. ¿Cuántos ejes de simetría parece tener la siguiente figura?

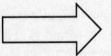

_____

6. Janna bebió 0.7 litros de agua antes de la práctica de fútbol y 0.70 litros de agua después de la práctica. Compara los dos números decimales usando $<$, $=$ ó $>$.

_____

Nombre _____

El área

ESTÁNDAR COMÚN—4.MD.3
Solve problems involving measurement and conversion of measurements from a larger unit to a smaller unit.

Halla el área del rectángulo o cuadrado.

1.
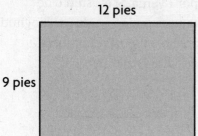
12 pies

9 pies

$A = b \times h$

$= 12 \times 9$

108 pies

cuadrados

2.
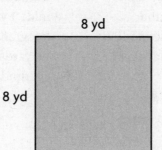
8 yd

8 yd

3.
15 m

3 m

4.
13 pulg

6 pulg

5.
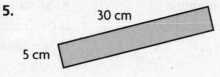
30 cm

5 cm

6.
14 pies

4 pies

Resolución de problemas En el mundo

7. Meghan coloca papel tapiz en una pared que mide 8 pies por 12 pies. ¿Cuánto papel tapiz necesita Meghan para cubrir la pared?

8. Bryson coloca tepe en su jardín para que crezca césped nuevo. Cada trozo de tepe es un cuadrado de 1 pie por 1 pie. ¿Cuántos trozos de tepe necesitará Bryson para cubrir su jardín si el jardín mide 30 pies por 14 pies?

Revisión de la lección (4.MD.3)

1. Ellie y Heather dibujaron modelos del piso de sus salas. El modelo de Ellie representaba 20 pies por 15 pies. El modelo de Heather representaba 18 pies por 18 pies. ¿Qué modelo representa el área mayor? ¿Cuánto mayor es?

2. Tamara coloca alfombras cuadradas en su estudio de fotografía. Cada alfombra cuadrada mide 1 yarda por 1 yarda. Si el estudio de fotografía de Tamara mide 7 yardas de longitud y 4 yardas de ancho, ¿cuántas alfombras cuadradas necesitará Tamara?

Repaso en espiral (4.NBT.5, 4.NF.4c, 4.MD.3)

3. Generalmente, la sangre circula 8 veces por minuto por todo el cuerpo humano. ¿Cuántas veces circula la sangre en 1 hora?

4. Cada uno de los 28 estudiantes de la clase de Romi recaudó al menos $25 durante la competencia de salto a beneficio. ¿Cuál es la cantidad mínima de dinero que recaudó la clase?

5. ¿Cuál es el perímetro de la siguiente figura si 1 cuadrado es igual a 1 pie cuadrado?

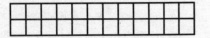

6. Ryan prepara pasteles de carne pequeños. Cada uno tiene $\frac{3}{4}$ de libra de carne. ¿Cuánta carne necesita Ryan para preparar 8 pasteles de carne pequeños?

Nombre _____

El área de rectángulos combinados

ESTÁNDAR COMÚN—4.MD.3
Solve problems involving measurement and conversion of measurements from a larger unit to a smaller unit.

Halla el área de los rectángulos combinados.

1.

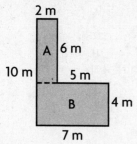

2 m

A 6 m

10 m 5 m

B 4 m

7 m

Área A = 2 × 6,
Área B = 7 × 4
12 + 28 = 40
40 metros cuadrados

2.

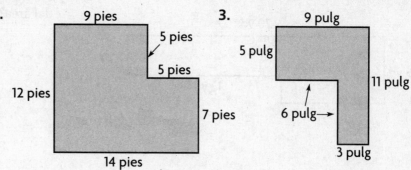

9 pies

5 pies

5 pies

12 pies

7 pies

14 pies

3.

9 pulg

5 pulg

11 pulg

6 pulg→

3 pulg

4.

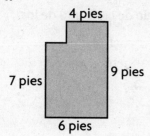

4 pies

7 pies 9 pies

6 pies

5.

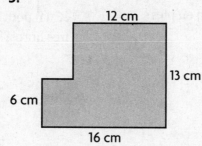

12 cm

13 cm

6 cm

16 cm

6.

20 yd

1 yd

9 yd

6 yd

Resolución de problemas En el mundo

Usa el diagrama para responder las preguntas 7 y 8.

Nadia hace el siguiente diagrama para representar la mesa de trabajo que quiere construir en su sala de manualidades.

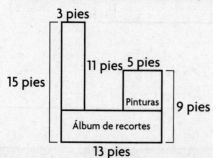

3 pies

11 pies 5 pies

15 pies

Pinturas

9 pies

Álbum de recortes

13 pies

7. ¿Cuál es el área del espacio que Nadia ha dejado para trabajar con álbumes de recortes?

_____

8. ¿Cuál es el área del espacio que ha dejado para pintar?

_____

Revisión de la lección (4.MD.3)

1. ¿Cuál es el área de los siguientes rectángulos combinados?

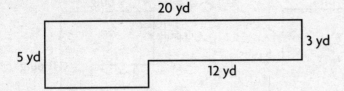

2. Marquis está redecorando su recámara. ¿Qué podría hallar Marquis con la fórmula del área?

_____

_____

Repaso en espiral (4.OA.4, 4.MD.1, 4.MD.3)

3. Las jirafas son los animales terrestres más altos. Una jirafa macho puede medir hasta 6 yardas de altura. ¿Cuánto mediría en pies?

4. Drew compró tres libros de distinto precio con $24. El costo de cada libro era un múltiplo de 4. ¿Cuál podría ser el precio de cada uno de los tres libros?

_____

_____

5. Esmeralda tiene un imán en forma de cuadrado. Cada lado del imán mide 3 pulgadas de longitud. ¿Cuál es el perímetro de su imán?

6. ¿Cuál es el área del siguiente rectángulo?

9 pies

7 pies

_____

_____

Hallar medidas desconocidas

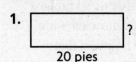

ESTÁNDAR COMÚN—4.MD.3
Solve problems involving measurement and conversion of measurements from a larger unit to a smaller unit.

Halla la medida desconocida del rectángulo.

1.

20 pies

?

Perímetro = 54 pies

ancho = **7 pies**

Piensa: $P = (2 \times l) + (2 \times a)$
$54 = (2 \times 20) + (2 \times a)$
$54 = 40 + (2 \times a)$
Como $54 = 40 + 14$, $2 \times a = 14$ y $a = 7$.

2.

9 m

?

Perímetro = 42 metros

longitud = _____

3.

?

4 cm

Área = 28 centímetros cuadrados

altura = _____

4.

25 pulg

Área = 200 pulgadas cuadradas

base = _____

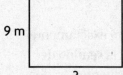

Resolución de problemas En el mundo

5. Susie cultiva verduras orgánicas. El perímetro de su huerta rectangular es 72 yardas. El ancho de la huerta es 9 yardas. ¿Qué longitud tiene la huerta?

_____

6. Un artista crea un mural rectangular para el Centro Comunitario Northfield. El mural mide 7 pies de altura y tiene un área de 84 pies cuadrados. ¿Cuál es la longitud del mural?

_____

Revisión de la lección (4.MD.3)

1. El área de una fotografía rectangular es 35 pulgadas cuadradas. Si el ancho de la fotografía es 5 pulgadas, ¿qué altura tiene la fotografía?

2. Natalie usó 112 pulgadas de estambre azul para decorar todo el borde de su tablero de anuncios. Si el tablero de anuncios mide 36 pulgadas de ancho, ¿qué longitud tiene el tablero?

Repaso en espiral (4.NF.3d, 4.MD.2, 4.MD.3, 4.MD.5a, 4.MD.5b)

3. Una cancha de básquetbol profesional tiene la forma de un rectángulo. Mide 50 pies de ancho y 94 pies de longitud. Un jugador dio una vuelta alrededor de la cancha corriendo. ¿Qué distancia corrió el jugador?

4. En una brújula, el Este está exactamente a $\frac{1}{4}$ de vuelta del Norte en el sentido de las manecillas del reloj. ¿Cuántos grados hay en $\frac{1}{4}$ de vuelta?

5. La rana de Hakeem dio tres saltos rápidos. El primero fue de 1 metro. El segundo salto fue de 85 centímetros y el tercero fue de 400 milímetros. ¿Cuál fue la longitud total de los 3 saltos de la rana en centímetros?

6. Karen colorea cuadrados en una cuadrícula. Coloreó de azul $\frac{1}{8}$ de los cuadrados y de rojo $\frac{5}{8}$ de los cuadrados. ¿Qué fracción de los cuadrados no está coloreada?

Resolución de problemas •
Hallar el área

 ESTÁNDAR COMÚN—4.MD.3
Solve problems involving measurement and conversion of measurements from a larger unit to a smaller unit.

Resuelve cada problema.

1. Una habitación tiene piso de madera. Hay un tapete en el centro de la habitación. En el diagrama se muestra la habitación y el tapete. ¿Cuántos pies cuadrados del piso de madera quedan descubiertos?

82 pies cuadrados

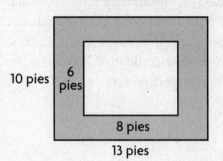

Área del piso: $13 \times 10 = 130$ pies cuadrados
Área del tapete: $8 \times 6 = 48$ pies cuadrados
Resta para hallar el área del piso que queda descubierto: $130 - 48 = 82$ pies cuadrados

2. Una pared rectangular tiene una ventana cuadrada, tal como se muestra en el diagrama.

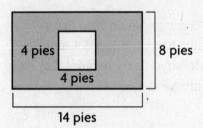

¿Cuál es el área de la pared SIN incluir la ventana?

_____

3. Bob quiere colocar tepe nuevo en todo su patio trasero, excepto en la parte que reservó para un jardín de flores. En el diagrama se muestra el patio trasero de Bob y su jardín de flores.

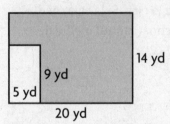

¿Cuánto tepe necesitará Bob?

_____

4. Una pintura rectangular mide 24 pulgadas de ancho y 20 pulgadas de altura sin incluir el marco. Con el marco, mide 28 pulgadas de ancho y 24 pulgadas de altura. ¿Cuál es el área del marco no cubierta por la pintura?

_____

5. Una de las paredes de la recámara de Jeanne mide 13 pies de longitud y 8 pies de altura. Hay una puerta de 3 pies de ancho y 6 pies de altura. Ella tiene un póster en la pared que mide 2 pies de ancho y 3 pies de altura. ¿Qué cantidad de la pared queda visible?

_____

Revisión de la lección (4.MD.3)

1. Una de las paredes de la recámara de Zoe mide 5 pies de ancho y 8 pies de altura. Zoe coloca un póster de su atleta preferido. El póster mide 2 pies de ancho y 3 pies de altura. ¿Qué cantidad de la pared no está cubierta por el póster?

2. La puerta de un garaje mide 15 pies de ancho y 6 pies de altura. Está pintada de blanco, excepto un panel rectangular de 1 pie de altura y 9 pies de ancho que es de color café. ¿Qué cantidad de la puerta del garaje es de color blanco?

Repaso en espiral (4.OA.4, 4.NF.2, 4.MD.2, 4.MD.3)

3. Kate hizo una caja para guardar su colección de joyas. Usó 42 pulgadas de madera para hacer los lados de la caja. Si la caja medía 9 pulgadas de ancho, ¿cuánto medía de longitud?

4. Larry, Mary y Terry tenían un vaso lleno de jugo cada uno. Larry bebió $\frac{3}{4}$ del suyo. Mary bebió $\frac{3}{8}$ del suyo. Terry bebió $\frac{7}{10}$ del suyo. ¿Quién bebió menos de $\frac{1}{2}$ de su jugo?

5. Enumera todos los números primos que hay entre 20 y 30.

6. Tom fue a ver una película con algunos amigos. La función comenzó a las 2:30 p. m. y terminó a las 4:15 p. m. ¿Cuánto duró la película?

Nombre _____

Sumar dólares y centavos

Pregunta esencial ¿Cómo puedes sumar cantidades decimales de dólares y centavos?

Soluciona el problema En el mundo

Carlos compró una patineta nueva por $99.46 y un casco y almohadillas por $73.49. ¿Cuánto gastó Carlos en total?

Las cantidades de dinero se suman de la misma manera en que sumas números enteros. Usa el punto decimal para alinear los dígitos.

- ¿Qué operación puedes usar para hallar la cantidad que gastó Carlos?

_____

 Usa el valor posicional.

Suma. $99.46 + $73.49

PASO 1	PASO 2	PASOS 3 y 4	PASO 5
Suma las monedas de 1¢. Reagrupa 15 monedas de 1¢.	Suma las monedas de 10¢.	Suma las unidades. Suma las decenas.	Coloca el punto decimal y el signo de dólar.

PASO 1
```
        1
  $ 99.46
+ $ 73.49
        5
```

PASO 2
```
        1
  $ 99.46
+ $ 73.49
       95
```

PASOS 3 y 4
```
      1 1
  $ 99.46
+ $ 73.49
   172 95
```

PASO 5
```
      1 1
  $ 99.46
+ $ 73.49
  $172.95
```

Entonces, Carlos gastó $172.95.

¡Inténtalo! Halla la suma.

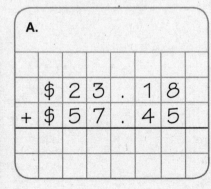

A.

	$	2	3	.	1	8
+	$	5	7	.	4	5

B.

	$	1	9	.	0	7
+	$	6	5	.	2	8

Charla matemática Prácticas matemáticas

Explica cómo sabes cuándo hay que reagrupar.

1. Explica qué ocurre en el Paso 2.

_____

_____

_____

_____

_____

PASOS 1 y 2	PASOS 3 y 4	PASO 5
1	11	11
$84.60	$84.60	$84.60
+ $35.70	+ $35.70	+ $35.70
30	120.30	$120.30

Halla la suma.

2. $3.09
     + $8.92

3. $26.08
     + $41.39

4. $ 7.26
     + $26.43

5. $30.47
     + $28.56

Por tu cuenta

Halla la suma.

6. $9.57
     + $4.09

7. $89.36
     + $ 3.85

8. $23.75
     + $10.98

9. $ 8.52
     + $36.07

10. $48.92
      + $ 7.08

11. $60.45
      + $17.42

12. $58.02
      + $73.54

13. $61.74
      + $60.57

Resolución de problemas

14. Lena se compró unos patines en línea nuevos por $49.99. El impuesto sobre las ventas fue de $4.13. ¿Cuánto pagó Lena en total por sus patines en línea nuevos?

_____

Nombre _____

Restar dólares y centavos

Pregunta esencial ¿Cómo puedes restar cantidades decimales de dólares y centavos?

Soluciona el problema

Sandi quería comprarse un abrigo nuevo por Internet. Calculó que el costo del abrigo, con el envío, sería de $84.24. La semana siguiente, Sandi compró el mismo abrigo en una tienda de la zona en liquidación por un total de $52.47. ¿Cuánto ahorró Sandi al comprar el abrigo en liquidación?

Las cantidades de dinero se restan de la misma manera en que restas números enteros.

- Subraya la información que necesitas para resolver el problema.
- ¿Qué operación puedes usar para hallar la diferencia entre los dos precios?

_____

 Usa el valor posicional.

Resta. $84.24 – $52.47

Usa el punto decimal para alinear los dígitos. Trabaja de derecha a izquierda. Comprueba en cada valor posicional si debes reagrupar para restar.

PASO 1

Reagrupa 2 monedas de 10¢ y 4 monedas de 1¢ en 1 moneda de 10¢ y 14 monedas de 1¢. Resta las monedas de 1¢.

$$\begin{array}{r} 1\ 14 \\ \$84.2\cancel{4} \\ -\ \$52.47 \\ \hline 7 \end{array}$$

PASO 2

Reagrupa 4 dólares y 1 moneda de 10¢ en 3 dólares y 11 monedas de 10¢. Resta las monedas de 10¢.

$$\begin{array}{r} 11 \\ 3\ \cancel{\cancel{X}}\ 14 \\ \$84.\cancel{2}\cancel{4} \\ -\ \$52.47 \\ \hline 77 \end{array}$$

PASOS 3 y 4

Resta las unidades. Resta las decenas.

$$\begin{array}{r} 11 \\ 3\ \cancel{X}\ 14 \\ \$84.\cancel{2}\cancel{4} \\ -\ \$52.47 \\ \hline 31\ 77 \end{array}$$

PASO 5

Coloca el punto decimal y el signo de dólar.

$$\begin{array}{r} 11 \\ 3\ \cancel{X}\ 14 \\ \$84.\cancel{2}\cancel{4} \\ -\ \$52.47 \\ \hline \$31.77 \end{array}$$

Entonces, Sandi ahorró $31.77.

Charla matemática **Prácticas matemáticas**

Explica cómo sabes en qué valores posicionales hay que reagrupar para restar.

1. Halla la diferencia. Reagrupa si es necesario.

$ 7.14
$ 4.38

Halla la diferencia.

2. $5.89 — $3.16	**3.** $30.07 — $11.32	**4.** $60.00 — $42.75	**5.** $99.08 — $91.36

Halla la diferencia.

6. $9.08 — $7.26	**7.** $73.45 — $12.13	**8.** $90.00 — $42.17	**9.** $80.03 — $49.53
10. $15.36 — $ 2.73	**11.** $84.00 — $27.85	**12.** $74.19 — $ 8.46	**13.** $79.62 — $23.58

14. Bert ganó $78.70 la semana pasada. Esta semana ganó $93.00. ¿Cuánto más ganó esta semana que la semana pasada?

_____

Nombre _____

El orden de las operaciones

Pregunta esencial ¿Cómo puedes usar el orden de las operaciones para hallar el valor de una expresión?

Soluciona el problema En el mundo

En una visita a la Feria del Libro, Jana compra 7 libros de tapa dura y 5 libros de tapa blanda. Dará la misma cantidad de libros a cada uno de sus tres primos. ¿Cuántos libros recibirá cada uno de los primos de Jana?

Para hallar el valor de una expresión que incluye paréntesis, puedes usar el orden de las operaciones. Recuerda que el orden de las operaciones es un conjunto especial de reglas que indican el orden en que se hacen los cálculos de una expresión.

Primero, haz las operaciones que están entre paréntesis.

Luego, multiplica y divide de izquierda a derecha.

Por último, suma y resta de izquierda a derecha.

- ¿Qué operación puedes usar para hallar la cantidad total de libros que compra Jana?

  _____

- ¿Qué operación puedes usar para hallar cuántos libros recibe cada uno de los primos de Jana?

  _____

🔑 **Usa el orden de las operaciones para hallar el valor de (7 + 5) ÷ 3.**

PASO 1

Haz las operaciones que están entre paréntesis.

(7 + 5) ÷ 3

_____ ÷ 3

PASO 2

Usa el orden de las operaciones. En este caso, divide.

12 ÷ 3

_____

Entonces, cada uno de los primos de Jana recibirá 4 libros.

- **¿Qué pasaría si** Jana decidiera quedarse con 3 libros? ¿Cómo cambiaría eso la expresión? ¿Cuántos libros recibiría cada uno de los primos de Jana?

  _____

  _____

  _____

Charla matemática **Prácticas matemáticas**

¿Qué operación debes hacer primero para hallar el valor de (6 + 2) × 3 y de 6 + (2 × 3)? ¿Cuál es el valor de cada expresión?

Escribe *correcto* si las operaciones están en el orden correcto. Si no es así, escribe el orden correcto de las operaciones.

1. $(4 + 5) \times 2$ multiplicar, sumar

_____

2. $8 \div (4 \times 2)$ multiplicar, dividir

_____

3. $12 + (16 \div 4)$ sumar, dividir

_____

4. $9 + 2 \times (3 - 1)$ sumar, multiplicar, restar

_____

Sigue el orden de las operaciones para hallar el valor de la expresión. Muestra cada paso.

5. $6 + (2 \times 5)$

_____

6. $18 - (12 \div 4)$

_____

7. $8 \times (9 - 3)$

_____

8. $(12 + 8) \div 2 \times 3$

_____

Por tu cuenta

Sigue el orden de las operaciones para hallar el valor de la expresión. Muestra cada paso.

9. $6 + (9 \div 3)$

_____

10. $(3 \times 6) \div 2$

_____

11. $(49 \div 7) + 5$

_____

12. $9 \times (8 - 2)$

_____

13. $45 \div (17 - 2)$

_____

14. $(32 + 4) \div 9 - 2$

_____

15. $8 \times 9 - (12 - 8)$

_____

16. $(36 - 4) + 8 \div 4$

_____

Resolución de problemas

17. El Sr. Randall compró 4 camisas que estaban en liquidación. El precio original de las camisas era $20. El precio de liquidación fue $5 menos que el precio original. Escribe y halla el valor de una expresión para la cantidad total que pagó el Sr. Randall por las camisas.

_____

Nombre _____

Dividir entre múltiplos de diez

Pregunta esencial ¿Cómo puedes usar patrones para dividir entre múltiplos de diez?

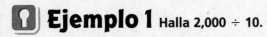

Una organización benéfica pidió a 10 voluntarios que repartieran 2,000 volantes sobre un evento para recaudar fondos. Cada voluntario recibirá la misma cantidad de volantes. ¿Cuántos volantes repartirá cada voluntario?

Puedes usar patrones y una operación básica para dividir entre múltiplos de diez.

Ejemplo 1 Halla 2,000 ÷ 10.

Piensa: Sé que $2 \div 1 \div 2$, entonces $20 \div 10 = 2$.

$$20 \div 10 = 2$$
$$200 \div 10 = 20$$
$$2,000 \div 10 = 200$$

Entonces, cada voluntario repartirá _____ volantes.

Describe el patrón que se usó para dividir 2,000 entre 10.

_____

_____

_____

Ejemplo 2 Halla 2,800 ÷ 40.

$28 \div 4 = 7$, entonces $280 \div 40 =$ _____.

$$2,800 \div 40 = \text{\_\_\_\_\_}$$

Charla matemática **Prácticas matemáticas**

Explica cómo puedes usar operaciones básicas como ayuda para dividir entre múltiplos de diez.

Comparte y muestra

1. Halla 6,000 ÷ 20.

Piensa: Puedo usar patrones para dividir, comenzando con 60 ÷ 20.

6 ÷ 2 = _____ , entonces 60 ÷ 20 = _____.

600 ÷ 20 = _____

6,000 ÷ 20 = _____

Divide. Usa un patrón como ayuda.

2. 8,000 ÷ 20 = _____

3. 4,000 ÷ 40 = _____

4. 1,200 ÷ 60 = _____

Por tu cuenta

Divide. Usa un patrón como ayuda.

5. 9,000 ÷ 30 = _____

6. 5,000 ÷ 50 = _____

7. 1,800 ÷ 60 = _____

8. 7,000 ÷ 10 = _____

9. 3,200 ÷ 80 = _____

10. 6,300 ÷ 90 = _____

Resolución de problemas

11. Un grupo de músicos quiere vender un total de 1,000 boletos para 20 conciertos. Imagina que venden la misma cantidad de boletos para cada concierto. ¿Cuántos boletos venderán para cada concierto? **Explica** cómo resolviste el problema.

_____

_____

_____

Nombre _____

Representar la división con divisores de 2 dígitos

Pregunta esencial ¿Cómo puedes usar modelos para dividir?

RELACIONA Has usado bloques de base diez para dividir números enteros entre divisores de 1 dígito. Puedes seguir los mismos pasos para dividir números enteros entre divisores de 2 dígitos.

Soluciona el problema En el mundo

Actividad Materiales ■ bloques de base diez

En un torneo de fútbol participan 154 niños. Hay 11 equipos de niños con igual cantidad de jugadores. ¿Cuántos niños hay en cada equipo?

- ¿Qué debes hallar?

  _____

  _____

- ¿Cuál es el dividendo? ¿Y el divisor?

  _____

PASO 1

Usa bloques de base diez para representar 154 niños. Muestra 154 como 1 centena, 5 decenas y 4 unidades. Dibuja 11 óvalos para los equipos.

PASO 2

Reparte los bloques de base diez en partes iguales entre los 11 grupos. Puesto que no hay suficientes centenas para repartir en partes iguales, reagrupa 1 centena en 10 decenas. Ahora hay 15 decenas. Reparte las decenas y dibuja un segmento vertical para cada decena.

PASO 3

Si sobran decenas, reagrupa cada una en 10 unidades. Reparte las unidades en partes iguales entre los 11 grupos. Dibuja un pequeño círculo para cada unidad.

Hay _____ decena(s) y _____ unidad(es) en cada grupo.

Entonces, hay _____ niños en cada equipo.

- Explica por qué debes reagrupar en el Paso 3.

_____

_____

_____

Charla matemática Prácticas matemáticas

Explica cómo puedes comprobar tu resultado.

Comparte y muestra

1. Usa bloques de base diez para hallar $182 \div 14$. **Describe** los pasos que seguiste para hallar tu resultado.

_____

_____

_____

_____

_____

Usa bloques de base diez para dividir.

2. $60 \div 12 =$ _____

3. $135 \div 15 =$ _____

Por tu cuenta

Usa bloques de base diez para dividir.

4. $180 \div 10 =$ _____

5. $150 \div 15 =$ _____

6. $88 \div 11 =$ _____

7. $96 \div 16 =$ _____

8. $176 \div 11 =$ _____

9. $156 \div 13 =$ _____

Resolución de problemas

10. Nicole tiene \$250 en billetes de diez dólares. ¿Cuántos billetes de diez dólares tiene Nicole?

_____

11. En la fiesta de Dante, 16 niños comparten 192 crayones. En la fiesta de María, 13 niños comparten 234 crayones. En cada fiesta se dividen los crayones en partes iguales entre los niños presentes. ¿Cuántos crayones más recibe cada niño en la fiesta de María que en la fiesta de Dante? **Explícalo.**

_____

_____

_____

_____

Nombre _____

Conceptos y destrezas

Halla la suma o la diferencia.

1.
$$\begin{array}{r} \$2.87 \\ + \ \$8.09 \\ \hline \end{array}$$

2.
$$\begin{array}{r} \$7.65 \\ + \ \$5.23 \\ \hline \end{array}$$

3.
$$\begin{array}{r} \$37.05 \\ + \ \$14.95 \\ \hline \end{array}$$

4.
$$\begin{array}{r} \$30.00 \\ + \ \$12.69 \\ \hline \end{array}$$

Usa bloques de base diez para dividir.

5. $143 \div 11$

6. $224 \div 16$

7. $108 \div 18$

_____   _____   _____

Sigue el orden de las operaciones para hallar el valor de la expresión. Muestra cada paso.

8. $(8 \times 2) + 4$

9. $16 - (3 \times 5)$

10. $24 \div (15 - 7)$

11. $15 \div (9 - 4) \times 4$

_____   _____   _____   _____

Divide. Usa un patrón como ayuda.

12. $6,000 \div 30$

13. $2,000 \div 20$

14. $3,200 \div 40$

15. $8,100 \div 90$

_____   _____   _____   _____

Resolución de problemas

16. Ellis compró comestibles que costaron $99.86. Después de usar los cupones de descuento, la cuenta fue de $84.92. ¿Cuánto ahorró Ellis al usar los cupones?

_____

Rellena el círculo completamente para indicar tu respuesta.

17. Taby compra una correa para perros por $18.50 y un collar para perros por $12.75. ¿Cuál es el costo total de la correa y el collar?

Ⓐ $5.75

Ⓑ $6.25

Ⓒ $30.25

Ⓓ $31.25

18. El Sr. Martín compra zapatos para él por $35.93 y zapatos para su hijo por $18.67. ¿Cuánto más cuestan los zapatos del Sr. Martín que los de su hijo?

Ⓐ $17.26

Ⓑ $17.36

Ⓒ $23.24

Ⓓ $54.60

19. Tanto Chris como Susan coleccionan tarjetas de béisbol. Chris tiene 75 tarjetas y Susan tiene 93 tarjetas. Quieren combinar sus colecciones y repartir las tarjetas entre ambos en partes iguales. ¿Qué expresión pueden usar para hallar el número de tarjetas que cada uno debe tener?

Ⓐ $75 + 93 \div 2$

Ⓑ $75 + (93 \div 2)$

Ⓒ $(75 + 93) \times 2$

Ⓓ $(75 + 93) \div 2$

20. En una tienda se esperan 4,000 clientes durante una liquidación de 20 horas. Imagina que llega la misma cantidad de clientes cada hora. ¿Cuántos clientes llegan cada hora?

Ⓐ 20

Ⓑ 200

Ⓒ 2,000

Ⓓ 8,000

Nombre _____

El valor posicional hasta los millones

Pregunta esencial ¿Cómo puedes leer, escribir y representar números enteros hasta los millones?

 Soluciona el problema En el mundo

La población de Idaho es alrededor de 1,550,000. Escribe 1,550,000 en forma normal, en palabras y en forma desarrollada.

Sabes leer y escribir números hasta las centenas de millar. La tabla de valor posicional se puede ampliar para que puedas leer y escribir números mayores, como 1,550,000.

Un millón es 1,000 millares y se escribe 1,000,000. El período de los millones está a la izquierda del período de los millares en una tabla de valor posicional.

> • ¿Cuál es el valor del lugar de las decenas de millar?
>
> _____

PERÍODOS

MILLONES			MILLARES			UNIDADES		
Centenas	Decenas	Unidades	Centenas	Decenas	Unidades	Centenas	Decenas	Unidades
		1,	5	5	0,	0	0	0
		1 × 1,000,000	5 × 100,000	5 × 10,000	0 × 1,000	0 × 100	0 × 10	0 × 1
		1,000,000	500,000	50,000	0	0	0	0

El valor posicional del 1 en 1,550,000 es el de los millones.

Forma normal: 1,550,000

Forma en palabras: un millón quinientos cincuenta mil

Forma desarrollada: 1,000,000 + 500,000 + 50,000

> **Charla matemática** **Prácticas matemáticas**
>
> **Explica** en qué se diferencia 8,000,000 de 800,000.

¡Inténtalo! Usa el valor posicional para leer y escribir el número.

Forma normal: _____

Forma en palabras: sesenta y dos millones ochenta mil ciento veintiséis

Forma desarrollada: 60,000,000 + _____ +

80,000 + _____ + 20 + 6

1. Escribe el número 3,298,076 en palabras y en forma desarrollada.

Forma en palabras: _____

_____

Forma desarrollada: _____

Lee y escribe el número de otras dos formas.

2. cincuenta millones tres mil ochenta y siete

_____

_____

3. 60,000,000 + 400,000 + 200 + 30 + 9

_____

_____

_____

_____

Por tu cuenta

Lee y escribe el número de otras dos formas.

4. 70,000,000 + 8,000,000 + 20,000 + 8

_____

_____

_____

5. veinte millones once mil doce

_____

_____

_____

Escribe el valor del dígito subrayado.

6. 3,3<u>5</u>6,000

_____

7. 45,687,<u>9</u>09

_____

8. <u>7</u>0,000,044

_____

9. <u>3</u>0,051,218

_____

Resolución de problemas En el mundo

10. Según una organización, hay alrededor de 93,600,000 gatos y alrededor de 77,500,000 perros que son mascotas en los Estados Unidos. ¿Hay más gatos o más perros que son mascotas? **Explica** cómo lo sabes.

_____

_____

_____

_____

Nombre _____

Los números decimales y el valor posicional

Pregunta esencial ¿Cómo puedes usar el valor posicional para leer, escribir y representar números decimales?

RELACIONA Los números decimales, al igual que los números enteros, se pueden escribir en forma normal, en palabras y en forma desarrollada.

Soluciona el problema

Una de las ranas más pequeñas del mundo vive en Asia. La longitud de los machos adultos varía entre 1.06 y 1.28 centímetros, alrededor del tamaño de un chícharo.

Puedes usar una tabla de valor posicional como ayuda para comprender los números decimales. Los números enteros están a la izquierda del punto decimal en la tabla de valor posicional y las cantidades decimales están a la derecha del punto decimal. El valor de cada lugar es un décimo del valor del lugar que está a su izquierda.

- ¿Qué números decimales ves en el problema?

  _____

- ¿Entre qué dos números enteros están los números 1.06 y 1.28?

  _____

🔑 **Usa una tabla de valor posicional.**

Escribe cada uno de los números decimales en una tabla de valor posicional. Asegúrate de alinear cada lugar y el punto decimal.

Unidades		Décimos	Centésimos
1	.	0	6
1	.	2	8

El valor posicional del dígito 8 en 1.28 es el de los centésimos. El valor del dígito 8 en 1.28 es 8 centésimos, u $8 \times \frac{1}{100}$ ó 0.08.

También puedes escribir 1.28 en palabras y en forma desarrollada.

Forma en palabras: uno con veintiocho centésimos

Forma desarrollada: $1 + 0.2 + 0.08$

Charla matemática  **Prácticas matemáticas**

Explica por qué 1.28 no es "uno con veintiocho décimos" en palabras.

¡Inténtalo! Usa el valor posicional para leer y escribir el número decimal.

Forma normal: _____

Forma en palabras: tres con cuarenta y seis centésimos

Forma desarrollada: $3 +$ _____ $+$ _____

1. Escribe el número decimal 4.06 en palabras y en forma desarrollada.

Forma en palabras: _____

Forma desarrollada: _____

Lee y escribe el número decimal de otras dos formas.

2. cinco con dos décimos

_____

3. 6 + 0.8 + 0.09

_____

_____

Por tu cuenta

Lee y escribe el número decimal de otras dos formas.

4. siete con tres centésimos

_____

5. 2 + 0.3 + 0.01

_____

Escribe el valor del dígito subrayado.

6. 4.<u>5</u>6

_____

7. 5.0<u>9</u>

_____

8. <u>7</u>.4

_____

9. 1.<u>3</u>2

_____

Resolución de problemas

10. James mide 1.63 metros de estatura. Escribe la estatura de James en palabras. **Explica** cómo hallaste tu respuesta.

_____

_____

_____

11. Ani debía escribir el número cuatro con ocho centésimos.
Escribió 4.8. **Explica** si crees que Ani tiene razón o no. Si crees
que no tiene razón, escribe el número correctamente.

_____

_____

Nombre _____

Redondear números decimales

Pregunta esencial ¿Cómo puedes redondear cantidades decimales, incluidas las de dinero, al número entero o dólar más próximo?

Soluciona el problema

Ami vende frutas y frutos secos en un mercado al aire libre. Vendió una bolsa de frutos secos que pesaba 1.35 libras. ¿Alrededor de cuánto pesó la bolsa de frutos secos, redondeado al número entero más próximo?

> • Subraya la información que debes hallar.

Sabes que puedes usar una recta numérica o el valor posicional para redondear números enteros. Puedes usar las mismas estrategias para redondear números decimales.

🔑 Usa una recta numérica.

Para redondear un número decimal al número entero más próximo, halla entre qué números enteros está.

___ < 1.35 < ___

Usa una recta numérica para ver de qué número entero está más cerca 1.35.

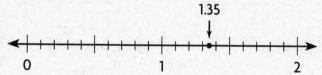

1.35 está más cerca de ___ que de ___.

Entonces, la bolsa de frutos secos pesaba alrededor de ___ libra.

> **Charla matemática** **Prácticas matemáticas**
>
> **Explica** en qué se parece redondear números decimales a redondear números enteros.

1. **¿Qué pasaría si** Ami vendiera una bolsa de frutos secos que pesara 2.82 libras? ¿Alrededor de cuánto pesaría la bolsa, redondeado al número entero más próximo?

   _____

2. **Describe** cómo redondearías $3.90 al dólar entero más próximo.

   _____

   _____

   _____

1. Redondea $2.67 al dólar más próximo. Ubica y marca $2.67 en la recta

   numérica. ¿De qué dólar entero está más cerca? _____

$2 $3

Redondea al dólar más próximo o al número entero más próximo.

2. $0.78

   _____

3. 2.1

   _____

4. 3.5

   _____

5. $4.50

   _____

Por tu cuenta

Redondea al dólar más próximo o al número entero más próximo.

6. $1.70

   _____

7. 2.2

   _____

8. $3.99

   _____

9. 3.45

   _____

10. $1.53

    _____

11. 0.9

    _____

12. $0.19

    _____

13. 4.38

    _____

Resolución de problemas

14. Candice gastó $13.55 en la feria de artes y oficios. ¿Cuánto dinero gastó
    Candice, redondeado al dólar más próximo?

    _____

15. El Sr. Marsh compró 2.25 libras de queso en lonchas. ¿Alrededor de
    cuántas libras de queso compró el Sr. Marsh?

    _____

Nombre _____

El valor posicional para comparar números decimales

Pregunta esencial ¿Cómo puedes usar el valor posicional para comparar números decimales?

Soluciona el problema

Los colibríes son aves livianas, rápidas y pequeñas que se alimentan de flores, árboles e insectos. Imagina que un colibrí en particular pesa 0.16 onzas. Una moneda de 5¢ pesa alrededor de 0.18 onzas. ¿El colibrí pesa más o menos que la moneda de 5¢?

- ¿Qué debes hacer para resolver el problema?

  _____

- Encierra en un círculo los números que debes comparar.

 Usa una tabla de valor posicional.

Escribe cada uno de los números decimales en una tabla de valor posicional. Asegúrate de alinear cada valor posicional y el punto decimal. Luego compara los números de cada valor posicional.

Unidades		Décimos	Centésimos
0	.	1	6
0	.	1	8

$0 = 0$ $1 = $ _____ $6 = $ _____

Puesto que 6 ◯ 8, 0.16 ◯ 0.18.

Entonces, el colibrí pesa _____ una moneda de 5¢.

Charla matemática — Prácticas matemáticas

Explica por qué, para comparar números decimales, comienzas por comparar el lugar de las unidades.

¡Inténtalo! Usa una tabla de valor posicional para comparar los números decimales.

Escribe <, > ó =.

A. 1.32 ◯ 1.34

B. 0.67 ◯ 0.6

C. 0.99 ◯ 0.99

1. Usa la siguiente tabla de valor posicional para comparar los números decimales.
   Escribe <, < ó =.

Unidades		Décimos	Centésimos
3	.	0	5
3	.	0	1

3 = 3   0 = _____   5 ◯ 1

Entonces, 3.05 ◯ 3.01.

Compara los números decimales. Escribe <, > ó =.

2. 7.24 ◯ 7.42   3. 8.80 ◯ 8.81   4. 0.11 ◯ 0.11   5. 4.33 ◯ 4.31

Por tu cuenta

Compara los números decimales. Escribe <, > ó =.

6. 0.04 ◯ 0.04   7. 1.1 ◯ 1.7   8. 0.34 ◯ 0.36   9. 4.04 ◯ 4.01

10. 9.67 ◯ 9.63   11. 1.4 ◯ 1.42   12. 0.02 ◯ 0.2   13. 5.4 ◯ 5.40

**Usa una tabla de valor posicional para ordenar los números
decimales de menor a mayor.**

14. 0.59, 0.51, 0.52   15. 7.15, 7.18, 7.1   16. 1.3, 1.33, 1.03

_____   _____   _____

Resolución de problemas En el mundo

17. Jill, Ally y María corrieron las 50 yardas llanas. Jill corrió la carrera
    en 6.87 segundos. Ally corrió la carrera en 6.82 segundos. María corrió
    la carrera en 6.93 segundos. ¿Quién fue la más rápida? **Explica** cómo
    puedes usar una tabla de valor posicional para hallar la respuesta.

_____

_____

_____

Nombre _____

Descomponer múltiplos de 10, de 100 y de 1,000

Pregunta esencial ¿Cómo puedes hallar factores de múltiplos de 10, de 100 y de 1,000?

 Soluciona el problema En el mundo

Los arquitectos hacen modelos de edificios a escala antes de construirlos en realidad. La altura de un edificio real será 1,200 pies. El modelo a escala mide 12 pies de altura. ¿Cuántas veces mayor que la altura del modelo a escala es la altura del edificio real?

Puedes hallar factores para descomponer un múltiplo de 10, de 100 o de 1,000.

- ¿Qué debes hallar?

  _____

- Encierra en un círculo los números que debes usar para resolver el problema.

De una manera Usa el cálculo mental y un patrón.

Descompón 1,200.

$1,200 = $ _____ $\times 1$

$1,200 = $ _____ $\times 10$

$1,200 = $ _____ $\times 100$

Entonces, el edificio tiene 100 veces la altura del modelo.

Recuerda

Un múltiplo de 10, de 100 o de 1,000 es un número que tiene un factor de 10, de 100 o de 1,000.

De otra manera Usa el valor posicional.

Descompón 1,200.

$1,200 = 12$ centenas $= 12 \times$ _____

Entonces, $1,200 = 12 \times 100$.

 Charla matemática **Prácticas matemáticas**

Explica la diferencia entre factores y múltiplos.

- Explica cómo usas el cálculo mental y un patrón para hallar factores de múltiplos de 10, de 100 o de 1,000.

_____

_____

_____

_____

_____

1. Completa el siguiente ejercicio para descomponer 2,800.

   $2{,}800 = $ _____ $\times 1$

   $2{,}800 = $ _____ $\times 10$

   $2{,}800 = $ _____ $\times 100$

2. Completa el siguiente ejercicio para descomponer 930.

   $930 = $ _____ decenas $= $ _____ $\times$ _____

Descompón los números.

3. $80 = $ _____

4. $320 = $ _____

5. $8{,}000 = $ _____

Por tu cuenta

Descompón los números.

6. $90 = $ _____

7. $40 = $ _____

8. $890 = $ _____

9. $300 = $ _____

10. $7{,}000 = $ _____

11. $3{,}700 = $ _____

Corrige el error. Escribe la descomposición correcta.

12. $560 = 56 \times 100$

    _____

13. $4{,}300 = 43 \times 1{,}000$

    _____

14. $6{,}000 = 60 \times 10$

    _____

Resolución de problemas En el mundo

15. Jon va al banco con $990. ¿Cuántos billetes de diez dólares puede recibir? Muestra cómo hallaste tu resultado.

    _____

Nombre _____

Patrones numéricos

Pregunta esencial ¿Cómo puedes describir un patrón mediante la multiplicación?

 Soluciona el problema En el mundo

Sabes cómo usar una regla y un primer término para escribir una secuencia. Ahora, usarás una regla para describir una secuencia.

 Describe un patrón.

Una científica cuenta la cantidad de nenúfares que hay en un estanque. Anotó la cantidad de nenúfares en la tabla de abajo. ¿Cuántos nenúfares habrá en el estanque los días 5 y 6?

- ¿Los números de la secuencia aumentan o disminuyen?

  _____

- Subraya la información que debes hallar.

Día	1	2	3	4
Nenúfares	8	16	32	64

PASO 1 Describe la secuencia.

PIENSA: ¿Cómo paso de un término al siguiente?

Prueba multiplicando por 2, puesto que $8 \times 2 = 16$.

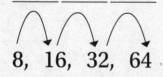

8, 16, 32, 64

Escribe una regla para describir la cantidad de nenúfares que hay en el estanque.

Charla matemática **Prácticas matemáticas**

Explica cómo sabes que la regla no es suma 8.

REGLA: _____.

PASO 2 Halla los dos términos que siguen en la secuencia.

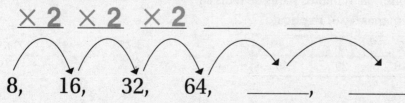

8, 16, 32, 64, _____, _____

Entonces, habrá _____ nenúfares el día 5 y _____ nenúfares el día 6.

Comparte y muestra

1. Halla los dos números que siguen en el siguiente patrón.

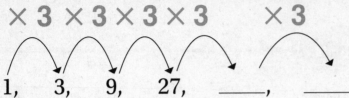

$\times 3 \quad \times 3 \quad \times 3 \quad \times 3 \qquad \times 3$

1,   3,   9,   27,   _____,   _____

Describe el patrón. Luego halla los dos números que siguen en el patrón.

2. 1, 2, 4, 8, _____, _____

_____

3. 7, 14, 28, 56, _____, _____

_____

Por tu cuenta

Describe el patrón. Luego, halla los dos números que siguen en el patrón.

4. 1, 4, 16, 64, _____, _____

_____

5. 2, 6, 18, 54, _____, _____

_____

Determina el patrón y úsalo para completar los espacios en blanco.

6. 1, 5, 25, _____, 625

7. 3, 6, _____, 24, _____

8. 2, _____, 32, _____, 512

Resolución de problemas

9. Una tienda de ropa comienza a vender un nuevo tipo de tenis. En la tabla se muestra la cantidad de pares de tenis vendidos en las primeras cuatro semanas. Si el patrón continúa, ¿cuántos pares de tenis se venderán en la tienda en las semanas 5 y 6? **Explícalo.**

Semana	1	2	3	4
Pares vendidos	5	10	20	40

_____

_____

_____

Nombre _____

Revisión

Redondea al dólar entero más próximo o al número entero más próximo.

1. $7.23

2. 2.89

3. 0.52

4. $9.49

_____ _____ _____ _____

Compara los números decimales. Escribe <, > ó =.

5. 0.6 ◯ 0.60

6. 5.08 ◯ 5.80

7. 8.14 ◯ 8.17

8. 7.37 ◯ 7.32

Lee y escribe los números de otras dos formas.

9. setenta y cinco millones trescientos mil doscientos siete

_____

_____

_____

10. $30,000,000 + 40,000 + 6,000 + 20 + 2$

_____

_____

_____

Descompón los números.

11. $20 =$ _____

12. $740 =$ _____

13. $6,000 =$ _____

Resolución de problemas

14. Una página web nueva de música lleva un registro de la cantidad de miembros que se unen. En la tabla se muestra la cantidad de miembros de los primeros cuatro días. Si el patrón continúa, ¿cuántos miembros tendrá la página web el día 6? Explica cómo hallaste tu respuesta.

Día	1	2	3	4
Miembros	5	15	45	135

_____

_____

_____

15. Una elefanta asiática en particular pesa 4.63 toneladas. ¿Cómo se escribe este número decimal en palabras?

Ⓐ cuatro con sesenta y tres décimos

Ⓑ cuatro con sesenta y tres centésimos

Ⓒ cuatrocientos con sesenta y tres

Ⓓ cuatro con sesenta y tres milésimos

16. Joe, Adam, Michael y Carl trabajan en una oficina. Joe gana $15.53 por hora. Adam gana $15.59 por hora. Carl gana $15.95 por hora. Michael gana $15.91 por hora. ¿Quién gana más por hora?

Ⓐ Joe

Ⓑ Adam

Ⓒ Carl

Ⓓ Michael

17. ¿Qué número es noventa y ocho millones cuarenta mil seiscientos cincuenta y tres expresado de otra forma?)

Ⓐ 98,040,653

Ⓑ 98,400,653

Ⓒ 98,046,053

Ⓓ 98,40,653

18. ¿Qué regla describe el siguiente patrón?

3, 12, 48, 192

Ⓐ Multiplica por 2.

Ⓑ Multiplica por 3.

Ⓒ Suma 9.

Ⓓ Multiplica por 4.

Nombre _____

Sumar fracciones relacionadas

Pregunta esencial ¿Cómo puedes sumar fracciones si uno de los denominadores es múltiplo del otro?

Al sumar fracciones, hallas cuántas partes de igual tamaño hay en total. El denominador muestra el tamaño de las partes. Para sumar fracciones con denominadores distintos, primero halla fracciones equivalentes con el mismo denominador.

Actividad

Materiales ■ tiras fraccionarias

Halla $\frac{1}{2} + \frac{2}{6}$.

PASO 1 Representa el problema.

Piensa: Para sumar fracciones, debes contar partes de igual tamaño. La tira de $\frac{1}{2}$ y la tira de $\frac{1}{6}$ tienen tamaños distintos.

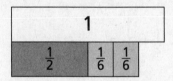

PASO 2 Muestra $\frac{1}{2}$ con tiras de $\frac{1}{6}$.

$\frac{1}{2} = \frac{}{6}$

PASO 3 Suma. Usa la fracción equivalente que hallaste. Halla $\frac{3}{6} + \frac{2}{6}$.

¿Cuántas tiras de $\frac{1}{6}$ hay?

_____

Escribe la suma. $\frac{3}{6} + \frac{2}{6} =$ _____

Entonces, $\frac{1}{2} + \frac{2}{6} =$ _____.

- **Describe** cómo se relacionan los tamaños de la tira de $\frac{1}{2}$ y de $\frac{1}{6}$. Luego describe cómo se relacionan los denominadores de las fracciones $\frac{1}{2}$ y $\frac{1}{6}$.

_____
_____
_____
_____
_____

Charla matemática **Prácticas matemáticas**

Explica cómo sabes que $\frac{1}{2}$ y $\frac{3}{6}$ son fracciones equivalentes.

1. **Explica** qué tiras fraccionarias podrías usar para suma $\frac{1}{3}$ y $\frac{3}{6}$.

_____

_____

_____

2. Usa tiras fraccionarias para sumar $\frac{1}{4} + \frac{2}{8}$

$\frac{1}{4} + \frac{2}{8} = $ _____

Suma. Usa tiras fraccionarias como ayuda.

3. $\frac{1}{4} + \frac{1}{2} = $ _____   4. $\frac{1}{2} + \frac{3}{8} = $ _____   5. $\frac{1}{2} + \frac{3}{10} = $ _____

Por tu cuenta

Suma. Usa tiras fraccionarias como ayuda.

6. $\frac{1}{3} + \frac{2}{6} = $ _____   7. $\frac{1}{5} + \frac{3}{10} = $ _____   8. $\frac{3}{8} + \frac{1}{4} = $ _____

9. $\frac{5}{12} + \frac{1}{3} = $ _____   10. $\frac{1}{3} + \frac{8}{12} = $ _____   11. $\frac{8}{10} + \frac{1}{5} = $ _____

Resolución de problemas

12. Paola usó $\frac{1}{4}$ de un cartón de huevos hoy y $\frac{4}{12}$ del cartón ayer. ¿Qué fracción del cartón de huevos usó en total? **Explica** cómo hallaste tu resultado.

_____

_____

_____

Nombre _____

Restar fracciones relacionadas

Pregunta esencial ¿Cómo puedes restar fracciones si uno de los denominadores es múltiplo del otro?

Al restar fracciones, debes usar partes de igual tamaño. Para restar fracciones con denominadores distintos, primero halla fracciones equivalentes con el mismo denominador. También puedes comparar para hallar la diferencia.

Actividad

Materiales ■ tiras fraccionarias

Halla $\frac{5}{8} - \frac{1}{4}$.

🔑 De una manera Halla una fracción equivalente.

Representa el problema.

Piensa: Debes restar $\frac{1}{4}$ de $\frac{5}{8}$, pero la tira de $\frac{1}{4}$ y las tiras de $\frac{1}{8}$ tienen tamaños diferentes.

Muestra $\frac{1}{4}$ con tiras fraccionarias de $\frac{1}{8}$.

$\frac{1}{4} = \frac{}{8}$

Resta. Usa la fracción equivalente que hallaste.

Halla $\frac{5}{8} - \frac{2}{8}$

Escribe la diferencia. $\frac{5}{8} - \frac{2}{8} =$ _____

Entonces, $\frac{5}{8} - \frac{1}{4} =$ _____.

🔑 De otra manera Compara para hallar la diferencia.

Representa el problema.

Piensa: La tira de $\frac{1}{4}$ tiene el mismo tamaño que dos tiras de $\frac{1}{8}$.

Compara la tira de $\frac{1}{4}$ con las cinco tiras de $\frac{1}{8}$ Halla la diferencia.

$\frac{5}{8} - \frac{1}{4} =$ _____.

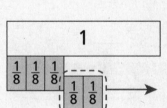

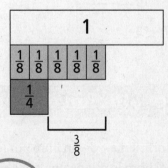

Charla matemática ▸ **Prácticas matemáticas**

Explica cómo se relaciona la tira de $\frac{1}{4}$ con la tira de $\frac{1}{8}$. Luego describe cómo se relacionan los denominadores 4 y 8.

1. Un estudiante restó $\frac{2}{3}$ de 1 entero como se muestra a la derecha. Explica el método del estudiante. Luego halla la diferencia.

1		
$\frac{1}{3}$	$\frac{1}{3}$	$\frac{1}{3}$
$\frac{1}{3}$	$\frac{1}{3}$	

$\frac{1}{3}$

_____

_____

_____

_____

2. Usa tiras fraccionarias para restar $\frac{5}{6} - \frac{1}{2}$.

$\frac{5}{6} - \frac{1}{2} =$ _____

Resta. Usa tiras fraccionarias como ayuda.

3. $\frac{1}{2} - \frac{3}{8} =$ _____

4. $1 - \frac{2}{5} =$ _____

5. $\frac{2}{4} - \frac{2}{12} =$ _____ .

Resta. Usa tiras fraccionarias como ayuda.

6. $\frac{4}{5} - \frac{2}{10} =$ _____

7. $\frac{7}{8} - \frac{3}{4} =$ _____

8. $\frac{5}{6} - \frac{2}{3} =$ _____

9. $\frac{7}{10} - \frac{2}{5} =$ _____

10. $\frac{2}{6} - \frac{1}{3} =$ _____

11. $\frac{6}{8} - \frac{1}{2} =$ _____

12. Boris tenía $\frac{2}{3}$ de un libro por leer. Leyó $\frac{1}{6}$ del libro hoy. ¿Qué fracción del libro le queda por leer ahora? **Explica** cómo hallaste tu resultado.

_____

_____

_____

Nombre _____

Comparar productos de fracciones

Pregunta esencial ¿Qué relación hay entre el tamaño del producto y el tamaño de cada factor cuando se multiplican fracciones en situaciones del mundo real?

 Soluciona el problema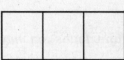

 ## De una manera Usa un modelo.

A. Serena usa $\frac{2}{3}$ de yarda de tela para hacer una almohada. ¿Cuánta tela necesita para hacer 3 almohadas?

- Sombrea el modelo para mostrar 3 grupos de $\frac{2}{3}$.

- Escribe una expresión para tres grupos de $\frac{2}{3}$: _____ × _____.

- ¿Qué puedes decir sobre el producto cuando se multiplica $\frac{2}{3}$ por un número entero? Escribe *mayor que* o *menor que*. El producto es _____ $\frac{2}{3}$.

B. Serena tiene 3 yardas de tela. Usa $\frac{2}{3}$ de la tela para hacer una manta. ¿Cuánta tela usa para hacer la manta?

- Hay 3 enteros. Cada uno representa una yarda.

- Sombrea $\frac{2}{3}$ de cada entero.

- Escribe una expresión para $\frac{2}{3}$ de tres enteros: _____ × _____

- ¿Qué puedes decir sobre el producto cuando se multiplica 3 por una fracción menor que 1? Escribe *mayor que* o *menor que*. El producto es _____ 3.

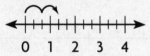 ## De otra manera Usa una recta numérica.

A. Muestra $\frac{2}{3} \times 2$.

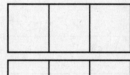

0 1 2 3 4

B. Muestra $\frac{2}{3}$ 3.

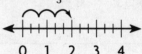

0 1 2 3 4

Completa los enunciados con *mayor que* **o** *menor que*.

- El producto de $\frac{2}{3}$ y 2 es _____ $\frac{2}{3}$.

- El producto de un número entero mayor que 1 y $\frac{2}{3}$ será _____ el factor del número entero.

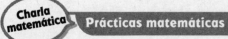 **Charla matemática** **Prácticas matemáticas**

¿Qué pasaría si se multiplicara una fracción distinta por 2 y 3? ¿Seguirían siendo verdaderos tus enunciados? **Explícalo.**

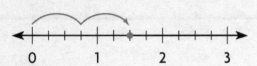

1. Completa el enunciado con *mayor que* o *menor que*.

$2 \times \frac{3}{4}$ será _____ $\frac{3}{4}$

Completa los enunciados con *mayor que* o *menor que*.

2. $3 \times \frac{2}{5}$ será _____ 3.

3. $3 \times \frac{1}{3}$ será _____ $\frac{1}{3}$

Por tu cuenta

Completa los enunciados con *mayor que* o *menor que*.

4. $3 \times \frac{3}{8}$ será _____ $\frac{3}{8}$

5. $\frac{5}{6} \times 5$ será _____ $\frac{5}{6}$

6. $\frac{3}{10} \times 6$ será _____ $\frac{3}{10}$

7. $4 \times \frac{5}{9}$ será _____ 4.

Resolución de problemas · En el mundo

8. Celia quiere coser 4 almohadas. Necesita $\frac{3}{8}$ de yarda de tela para cada almohada. ¿Necesitará más de $\frac{3}{8}$ o menos de $\frac{3}{8}$ de yarda de tela para hacer todas las almohadas? Explícalo.

_____

_____

_____

_____

9. Rohan camina $\frac{3}{4}$ de milla por día para ir a la escuela. Después de 5 días, ¿habrá caminado más de 5 millas o menos de 5 millas a la escuela? Explícalo.

_____

_____

_____

_____

Nombre _____

La resta repetida con fracciones

Pregunta esencial ¿Cómo puedes usar la resta repetida para resolver problemas de división con fracciones?

Soluciona el problema

El Sr. Jones está preparando refrigerios para su familia. Tiene 3 tazas de almendras y las divide en porciones de $\frac{1}{2}$ taza. ¿Cuántas porciones puede obtener?

Has usado la resta repetida para dividir números enteros. Ahora, usarás la resta repetida para resolver un problema que requiere dividir entre una fracción.

- ¿Qué debes hallar?

  _____

  _____

- ¿Qué otra operación puedes usar, en lugar de la resta repetida, para resolver el problema?

  _____

🔑 **Usa la resta repetida para dividir 3 entre $\frac{1}{2}$.**

PASO 1 Comienza en 3 y cuenta hacia atrás $\frac{1}{2}$.

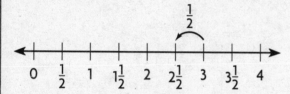

PASO 2 Resta $\frac{1}{2}$ hasta que llegues a 0 o te aproximes a 0 lo más posible.

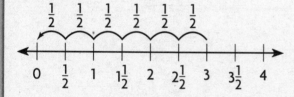

Charla matemática Prácticas matemáticas

Explica por qué cuentas la cantidad de grupos de $\frac{1}{2}$.

PASO 3 Halla la cantidad de veces que contaste hacia atrás de $\frac{1}{2}$ en $\frac{1}{2}$.

Contaste _____ grupos de $\frac{1}{2}$ para llegar a 0.

Entonces, el Sr. Jones puede obtener _____ porciones de media taza de almendras.

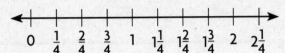

Comparte y muestra

1. Usa la resta repetida y la recta numérica para hallar $2 \div \frac{1}{4}$.

Comienza a restar en _____.

Cuenta hacia atrás en grupos de _____.

¿Cuántos grupos contaste para llegar a 0? _____

Usa la resta repetida para dividir.

2. $2 \div \frac{1}{5}$

_____

3. $5 \div \frac{1}{2}$

_____

4. $1 \div \frac{1}{8}$

_____

Por tu cuenta

Usa la resta repetida para dividir.

5. $1 \div \frac{1}{5}$

_____

6. $2 \div \frac{1}{2}$

_____

7. $4 \div \frac{1}{3}$

_____

8. $2 \div \frac{1}{5}$

_____

9. $7 \div \frac{1}{2}$

_____

10. $3 \div \frac{1}{4}$

_____

Resolución de problemas

11. Estás poniendo pasas en bolsas de refrigerio. Tienes 3 tazas de pasas. Quieres poner $\frac{1}{3}$ de taza de pasas en cada bolsa. ¿Cuántas bolsas puedes preparar?

_____

12. Margaret está cortando pajillas de 4 pulgadas de longitud en trozos de $\frac{1}{2}$ pulgada. Tiene dos pajillas. Necesita veinte trozos de $\frac{1}{2}$ pulgada. ¿Tiene suficiente cantidad de pajillas para cortar 20 trozos? **Explícalo.**

_____

_____

Nombre _____

Fracciones y división

Pregunta esencial ¿Cómo puedes escribir un problema de división como una fracción?

Tanto la división como las fracciones muestran cómo repartir cantidades iguales de cosas o cómo hacer grupos del mismo tamaño. Puedes escribir los problemas de división como fracciones.

Soluciona el problema

Mavi y sus 2 hermanas quieren repartirse 4 pizzas pequeñas en partes iguales. ¿Cuánta pizza recibirá cada una?

Piensa: ¿Cuánto es 4 dividido entre 3, ó 4 ÷ 3?

- ¿Cuántas personas quieren repartirse las pizzas?

  _____

Cada pizza está dividida en _____ partes iguales.

¿Cuántos trozos hay en 4 pizzas? _____

¿Qué fracción de la pizza representa cada trozo? _____

¿Cuántos trozos de $\frac{1}{3}$ recibe cada hermana? _____

¿Qué fracción de las pizzas recibe cada hermana? _____

Entonces, 4 ÷ 3 es lo mismo que $\frac{4}{3}$.

Charla matemática **Prácticas matemáticas**

¿Cómo puedes escribir $\frac{4}{3}$ como un número mixto?

1. Álex horneó pan de maíz en un molde y lo cortó en 12 trozos del mismo tamaño. Él y sus 3 hermanas quieren repartirse los trozos en partes iguales.

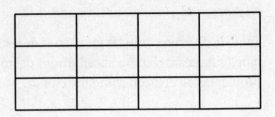

¿Qué problema de división puedes escribir para

resolver el problema? _____

Escribe el problema de división como una fracción. _____

Escribe el problema de división como una fracción. Escribe cada fracción mayor que 1 como un número entero o como un número mixto.

2. $6 \div 2$

3. $1 \div 4$

4. $1 \div 3$

5. $32 \div 8$

Escribe el problema de división como una fracción. Escribe cada fracción mayor que 1 como un número entero o como un número mixto.

6. $5 \div 6$

7. $3 \div 2$

8. $1 \div 8$

9. $2 \div 4$

10. $12 \div 3$

11. $9 \div 4$

12. $11 \div 2$

13. $8 \div 6$

14. Stefan y sus 2 amigos quieren repartirse 16 panecillos en partes iguales. ¿Cada amigo recibirá más o menos que 5 panecillos enteros? **Explica** cómo lo sabes.

_____

_____

_____

Nombre _____

Revisión

Conceptos y destrezas

Completa los enunciados con *mayor que* **o** *menor que.*

1. $3 \times \frac{3}{9}$ será _____ 3.

2. $\frac{7}{8} \times 3$ será _____ $\frac{7}{8}$.

Suma o resta. Usa tiras fraccionarias como ayuda.

3. $\frac{1}{2} + \frac{2}{10} =$ _____

4. $\frac{1}{4} + \frac{5}{8} =$ _____

5. $\frac{4}{6} + \frac{1}{3} =$ _____

6. $1 - \frac{5}{6} =$ _____

7. $\frac{7}{8} - \frac{1}{4} =$ _____

8. $\frac{3}{5} - \frac{4}{10} =$ _____

Escribe el problema de división como una fracción. Escribe las fracciones mayores que 1 como un número entero o un número mixto.

9. $7 \div 8 =$ _____

10. $8 \div 5 =$ _____

11. $16 \div 3 =$ _____

Usa la resta repetida para dividir.

12. $3 \div \frac{1}{5} =$ _____

13. $4 \div \frac{1}{2} =$ _____

14. $6 \div \frac{1}{3} =$ _____

Resolución de problemas

15. Manny había escrito $\frac{3}{4}$ de su artículo. Hoy escribió $\frac{1}{8}$ más.
¿Qué fracción del artículo le falta escribir ahora?
Explica cómo hallaste tu resultado.

_____

_____

_____

Rellena el círculo completamente para indicar tu respuesta.

16. El Sr. Martín pintará 5 cuartos pequeños. Necesita $\frac{3}{4}$ de galón de pintura para cada cuarto. ¿Cuánta pintura necesitará para pintar todos los cuartos?

    Ⓐ menos de $\frac{3}{4}$ de galón

    Ⓑ más de $\frac{3}{4}$ de galón

    Ⓒ exactamente $\frac{3}{4}$ de galón

    Ⓓ exactamente 5 galones

17. Una repostera está preparando tartas de tamaño individual. Tiene 4 tazas de fresas para poner en las tartas. Quiere poner $\frac{1}{4}$ de taza de fresas en cada tarta. ¿Cuántas tartas puede hacer?

    Ⓐ 4

    Ⓑ 8

    Ⓒ 14

    Ⓓ 16

18. ¿Cuál de las opciones muestra el problema de división $6 \div 4$ como una fracción o un número mixto?

    Ⓐ $\frac{4}{6}$

    Ⓑ $1\frac{1}{4}$

    Ⓒ $1\frac{2}{4}$

    Ⓓ $2\frac{2}{4}$

19. Pablo comió $\frac{1}{4}$ de una pizza ayer y $\frac{3}{8}$ de la pizza hoy. ¿Qué fracción de la pizza comió en total?

    Ⓐ $\frac{5}{8}$

    Ⓑ $\frac{4}{12}$

    Ⓒ $\frac{4}{8}$

    Ⓓ $\frac{3}{8}$

Nombre _____

Ubicar puntos en una cuadrícula

Pregunta esencial ¿Cómo puedes ubicar puntos en una cuadrícula mediante pares ordenados?

Un **par ordenado** es un par de números que indica un punto en una cuadrícula. El primer número muestra cuántas unidades hay que desplazarse en sentido horizontal. El segundo número muestra cuántas unidades hay que desplazarse en sentido vertical.

(2 , 4)

Desplázate 2 unidades a la derecha desde el 0.　　Luego desplázate 4 unidades hacia arriba.

Soluciona el problema　En el mundo

En el aeropuerto, los pasajeros viajan de una terminal a otra en autobús. Los autobuses hacen un recorrido que comienza en la Terminal *A*. ¿Dónde está la Terminal *A*?

Cuenta unidades en la cuadrícula para averiguarlo.

• Comienza en el cero.

• Desplázate 5 unidades hacia la derecha.

• Desde allí, desplázate 9 unidades hacia arriba.

La Terminal *A* está ubicada en (5, 9).

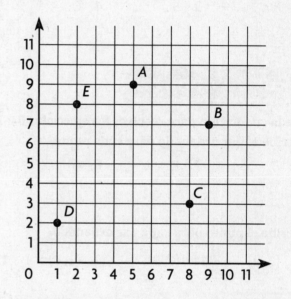

¡Inténtalo!

¿Qué terminal está ubicada en (8, 3)? Explica cómo lo sabes.

_____

_____

_____

_____

_____

Charla matemática　**Prácticas matemáticas**

Explica por qué (3, 6) y (6, 3) son dos pares ordenados diferentes.

1. ¿Dónde debes comenzar para representar gráficamente el punto (6, 3)? ¿En qué dirección y cuántas unidades debes desplazarte primero? ¿Qué harás después? Describe los pasos y anótalos en la cuadrícula.

_____

_____

Usa la cuadrícula para resolver los ejercicios 2 a 5. Escribe el par ordenado para cada punto.

2. A

3. B

4. C

5. D

___   ___   ___   ___

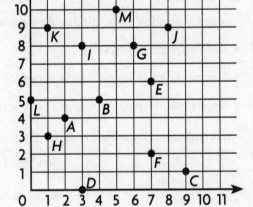

Usa la cuadrícula para resolver los ejercicios 6 a 13. Escribe el par ordenado para cada punto.

6. E

7. F

8. G

9. H

___   ___   ___   ___

Escribe el punto para cada par ordenado.

10. (3, 8)

11. (8, 9)

12. (1, 9)

13. (0, 5)

___   ___   ___   ___

En un álbum de fotografías, hay cuatro fotografías por página. Completa la tabla. Escribe los datos de la tabla como pares ordenados. Luego representa gráficamente los pares ordenados en la cuadrícula. En cada par ordenado, usa la cantidad de páginas como el primer número y la cantidad de fotografías como el segundo número.

14.

Cantidad de páginas	1		3	4
Cantidad de fotografías	4	8		

_____

Nombre _____

Hallar el área con fichas

Pregunta esencial ¿Cómo puedes hallar el área de un rectángulo con fichas?

 Soluciona el problema En el mundo

Rhonda está colocando las losetas del piso de su nuevo solario. En el diagrama se muestra la distribución de las losetas. Cada loseta mide 4 pies cuadrados. ¿Cuál es el área del piso del solario de Rhonda?

Para hallar el área del piso del solario, puedes combinar las áreas de las medias losetas y de las losetas enteras.

Halla el área del piso del solario.

PASO 1 Halla el área de las medias losetas.

Cuenta la cantidad de medias losetas. _____

1 loseta = 4 pies cuadrados, entonces media loseta = 4 ÷ 2 ó _____ pies cuadrados.

Multiplica la cantidad de medias losetas por _____ pies cuadrados para hallar el área de las medias losetas:

_____ × _____ = _____ pies cuadrados

PASO 2 Halla el área de las losetas enteras.

Halla la cantidad de losetas enteras: $b \times h =$ _____ × _____ = _____ losetas

Puesto que el área de 1 loseta es _____ pies cuadrados, multiplica la cantidad de losetas enteras por _____ para hallar el área de las losetas enteras.

_____ × _____ = _____ pies cuadrados

PASO 3 Halla el área total.

Suma las áreas de las medias losetas y de las losetas enteras.

medias losetas   losetas enteras

↓   ↓

_____   +   _____ = _____ pies cuadrados

Entonces, el área del piso del solario de Rhonda es _____ pies cuadrados.

- Subraya lo que debes hallar.
- Encierra en un círculo la información que usarás para resolver el problema.

Piso del solario de Rhonda

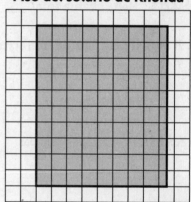

1 loseta = 4 pies cuadrados

 Recuerda

La fórmula para el área de un rectángulo es $A = b \times h$ ó $l \times a$.

Charla matemática Explica cómo hallar el área de 6 medias losetas si 1 loseta entera mide 9 pulgadas cuadradas.

1. Halla el área de la figura sombreada.

   PASO 1 Halla el área de los medios cuadrados:

   _____ medios cuadrados × _____ yardas cuadradas = _____

   yardas cuadradas

   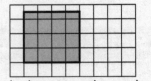

   1 cuadrado = 16 yardas cuadradas

   PASO 2 Halla el área de los cuadrados enteros:

   _____ × _____ = _____ cuadrados

   _____ cuadrados × _____ yardas cuadradas = _____ yardas

   cuadradas

   PASO 3 Halla el área total: _____ + _____ = _____ yardas cuadradas

Halla el área de las figuras sombreadas. Escribe el área en unidades cuadradas.

2.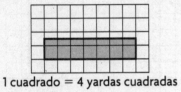

   1 cuadrado = 4 yardas cuadradas

   _____

3.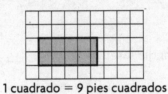

   1 cuadrado = 9 pies cuadrados

   _____

4.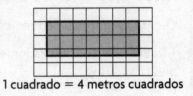

   1 cuadrado = 4 metros cuadrados

   _____

Halla el área de las figuras sombreadas. Escribe el área en unidades cuadradas.

5.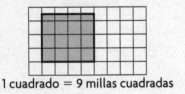

   1 cuadrado = 9 millas cuadradas

   _____

6.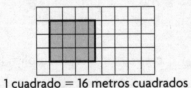

   1 cuadrado = 16 metros cuadrados

   _____

7.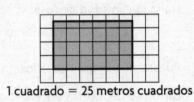

   1 cuadrado = 25 metros cuadrados

   _____

Resolución de problemas

8. Se muestra la parte superior de una mesa de mosaicos. Cada cuadrado tiene un área de 5 pulgadas cuadradas. ¿Cuál es el área de la parte superior de la mesa? **Explícalo.**

   Parte superior de la mesa

   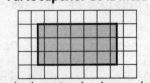

   1 cuadrado = 5 pulgadas cuadradas

   _____

   _____

   _____

Nombre _____

Multiplicar tres factores

Pregunta esencial ¿Cómo puedes hallar el producto de tres factores?

 Soluciona el problema *En el mundo*

Puedes usar las propiedades de la multiplicación para que la multiplicación de tres factores sea más fácil.

Sam envía por barco 4 cajas de modelos de carros para armar a Toy Mart. Cada caja contiene 16 envases, con 6 modelos para armar en cada envase. ¿Cuántos modelos de carros para armar envía Sam?

- Subraya lo que tienes que hallar.
- Encierra en un círculo los números que usarás para resolver el problema.
- ¿Qué operación puedes usar para resolver el problema?

_____

Ejemplo Halla 4 × (16 × 6).

PASO 1

Simplifica el problema. Vuelve a escribir
4 × (16 × 6) como un producto de dos factores.

$4 \times (16 \times 6) = 4 \times (\text{_____} \times 16)$ propiedad conmutativa

$= (4 \times \text{_____}) \times 16$ propiedad asociativa

$= \text{_____} \times 16$

Entonces, 4 × (16 × 6) = 24 × 16.

PASO 2

Multiplica.

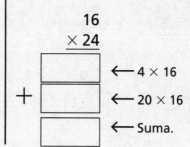

```
      16
    × 24
  ┌──────┐
  │      │ ← 4 × 16
+ │      │ ← 20 × 16
  │      │ ← Suma.
  └──────┘
```

Entonces, Sam envía _____ modelos de carros para armar.

¡Inténtalo!

$(18 \times 8) \times 3 = 18 \times (\text{\_\_\_\_\_} \times \text{\_\_\_\_\_})$ propiedad asociativa

$= 18 \times \text{\_\_\_\_\_}$

$= \text{_____}$

Charla matemática Prácticas matemáticas

Explica de qué manera usar las propiedades hace que sea más fácil multiplicar tres factores.

1. Halla el producto de $7 \times (6 \times 13)$.

   PASO 1 Simplifica el problema.

   Vuelve a escribir $7 \times (6 \times 13)$ como un producto de dos factores.

   $7 \times (6 \times 13) = ($ _____ $\times$ _____ $) \times 13$

   propiedad asociativa

   $=$ _____ $\times$ _____

   PASO 2 Multiplica.

   $$\begin{array}{r} 13 \\ \times\ 42 \\ \hline \end{array}$$

Halla los productos.

2. $3 \times (14 \times 3) =$ _____

3. $2 \times (4 \times 13) =$ _____

4. $(16 \times 6) \times 3 =$ _____

Halla los productos.

5. $7 \times (17 \times 4) =$ _____

6. $(18 \times 4) \times 6 =$ _____

7. $9 \times (17 \times 5) =$ _____

8. $(5 \times 26) \times 3 =$ _____

9. $9 \times (19 \times 2) =$ _____

10. $(21 \times 4) \times 6 =$ _____

Resolución de problemas En el mundo

11. Hay 3 ligas de básquetbol. Cada liga tiene 8 equipos. Cada equipo tiene 13 jugadores. ¿Cuántos jugadores hay en total en las 3 ligas?

    _____

12. Hay 8 cajas de pelotas de tenis. En cada caja hay 24 latas de pelotas de tenis. Hay 3 pelotas de tenis en cada lata. ¿Cuántas pelotas de tenis hay en total?

    _____

Nombre _____

Hallar el área de la base

Pregunta esencial ¿Cómo puedes hallar el área de la base de un prisma rectangular?

Relaciona La base de un rectángulo es diferente de la base de un prisma rectangular. La base de un rectángulo es un lado, pero la base de un prisma rectangular es un rectángulo. Para hallar el área de un rectángulo, usa la fórmula $A = b \times h$ ó $l \times a$.

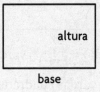

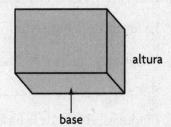

🔑 Soluciona el problema En el mundo

🔒 Ejemplo

Ana está haciendo un diorama para un proyecto escolar. El diorama tiene la forma de un prisma rectangular. Ana quiere pintar la parte inferior del diorama. ¿Cuál es el área de la base?

La forma de la base es un rectángulo.
Usa una fórmula para hallar el área.

$A = b \times h$

base = _____ pulgadas

altura = _____ pulgadas

$A =$ _____ $\times$ _____

$A =$ _____ pulgadas cuadradas

Entonces, el área de la base del diorama mide _____ pulgadas cuadradas.

- ¿Qué forma tiene la base del diorama?

  _____

- ¿Cuánto miden la base y la altura de la base del diorama?

  _____

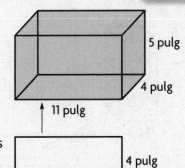

5 pulg

4 pulg

11 pulg

4 pulg

11 pulg

Charla matemática **Prácticas matemáticas**

¿Por qué si multiplicamos 11 por 5 obtendremos un resultado incorrecto para el área de la base?

Recuerda

Área de un rectángulo:
$A = b \times h$ ó $l \times a$

Área de un cuadrado: $A = L \times L$

Comparte y muestra

1. Halla el área de la base del prisma rectangular.

   La forma de la base es un _____.

   longitud = _____ yardas, ancho = _____ yardas

   A = _____ × _____ = _____ yardas cuadradas

   Entonces, el área de la base mide _____ yardas cuadradas.

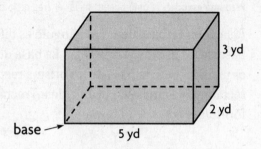

base → 5 yd, 2 yd, 3 yd

Halla el área de la base del prisma rectangular.

2.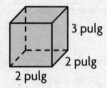

   3 pulg
   2 pulg
   2 pulg

   _____

3.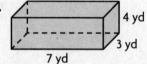

   4 yd
   3 yd
   7 yd

   _____

4.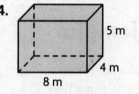

   5 m
   4 m
   8 m

   _____

Por tu cuenta

Halla el área de la base del prisma rectangular.

5.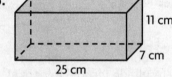

   11 cm
   7 cm
   25 cm

   _____

6.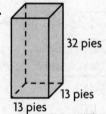

   32 pies
   13 pies
   13 pies

   _____

7.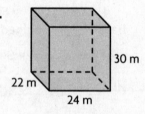

   30 m
   22 m
   24 m

   _____

Resolución de problemas En el mundo

8. Julio prepara terrones de azúcar para los caballos. La arista de cada terrón de azúcar mide 1 centímetro de longitud. Guarda los terrones de azúcar en la caja que se muestra a la derecha, sin dejar espacios vacíos. Julio dice que puede colocar 80 terrones de azúcar en la capa inferior. ¿Tiene razón? Explícalo.

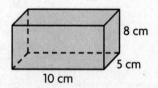

8 cm
5 cm
10 cm

_____

_____

_____

_____

Nombre _____

Revisión

Conceptos y destrezas

Halla los productos.

1. $(13 \times 8) \times 5 =$ _____

2. $7 \times (12 \times 8) =$ _____

3. $4 \times (17 \times 3) =$ _____

Halla el área de la figura sombreada. Escribe el área en unidades cuadradas.

4.
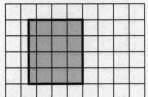
1 cuadrado = 4 yardas cuadradas

_____

5.

1 cuadrado = 16 pies cuadrados

_____

6.
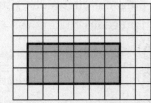
1 cuadrado = 25 metros cuadrados

_____

Halla el área de la base del prisma rectangular.

7.
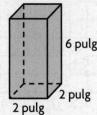
6 pulg
2 pulg
2 pulg

_____

8.
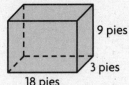
9 pies
3 pies
18 pies

_____

9.
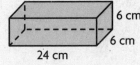
6 cm
6 cm
24 cm

_____

Resolución de problemas

10. En un concurso de ortografía compiten 6 grados. Cada grado tiene
10 equipos. Cada equipo tiene 4 miembros. ¿Cuántos miembros
compiten en el concurso de ortografía?

_____

Rellena el círculo completamente para indicar tu respuesta.

11. Hay 9 cajones de naranjas. En cada cajón hay 18 cajas de naranjas. En cada caja hay 6 bolsas de naranjas. ¿Cuántas bolsas de naranjas hay en total?

Ⓐ 108

Ⓑ 162

Ⓒ 972

Ⓓ 1152

12. Se muestra un pequeño balcón con losetas. Cada loseta mide 9 pulgadas cuadradas. ¿Cuál es el área de la sección sombreada en pulgadas cuadradas?

Ⓐ 20 pulgadas cuadradas

Ⓑ 144 pulgadas cuadradas

Ⓒ 162 pulgadas cuadradas

Ⓓ 180 pulgadas cuadradas

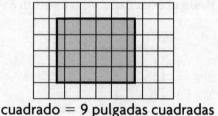

1 cuadrado = 9 pulgadas cuadradas

13. ¿Cuál de los siguientes pares ordenados señala el punto A de la cuadrícula?

Ⓐ (1, 5)

Ⓑ (2, 3)

Ⓒ (3, 2)

Ⓓ (5, 1)

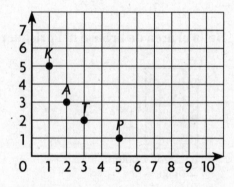

14. ¿Cuál es el área de la base del prisma rectangular?

Ⓐ 40 metros cuadrados

Ⓑ 48 metros cuadrados

Ⓒ 144 metros cuadrados

Ⓓ 432 metros cuadrados

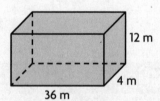